もくじ

- 長さ別早見表 …… 13
- 魔法のアイテムたち …… 16
- テッパン！ヘア用語 …… 18
- 自分の顔の形を知る！ …… 20
- あなたのヘアタイプは？ …… 26
- この本の見方 …… 28

スペシャルマンガ ヘアアレンジでかわいくなろう！ …… 2

1章 基本のアレンジ

マンガ 基本をバッチリおさえよう！ …… 30

- ヘアアレンジの前に …… 32
- ひとつ結び …… 34
- ななめ結び …… 35
- ポニーテール …… 36
- ふたつ結び（ツインテール） …… 38

ふたつ結びアレンジ
- 変化球ふたつ結び …… 40
- ゆるふたつ結び …… 41
- 基本のくるりんぱ …… 42
- ツインくるりんぱ …… 43

- 基本のおだんご …… 44
- ふんわりプチおだんご …… 45
- 基本のハーフアップ …… 46
- ハーフアップポニー …… 47
- みつあみ …… 48

みつあみアレンジ
- 片サイドゆるみつあみ、エレガントみつあみ …… 49
- ランダム細みつあみ …… 50
- ツインゆるみつあみ …… 51

あみこみ
- 表あみこみ …… 52
- 裏みつあみ、裏あみこみ …… 54

ピンでとめる ……………… 56

カラーピンのオシャレどめ、
クロスどめヘア ……………… 57

基本のポンパ ……………… 58

かんたんポンパ ……………… 59

基本のねじりヘア ………… 60

かんたんピン２本どめ …… 61

逆毛の立て方
コームを使う逆毛 ……… 62

指を使う逆毛 ……… 63

結び目を髪でかくす ……… 64

髪をねじってかくす ……… 65

ヘアアイロンのあて方 …… 66

あなたにぴったりの
タイプ別ヘアアレ＆ファッション …… 68

２章　毎日かがやく☆スクールヘア

マンガ　学校でもかわいくできる!? ……74

月曜日★
気分があがるヘア ………… 76

火曜日★
ノリノリヘア ……………… 78

水曜日★
放課後チェンジヘア ……… 80

木曜日★
授業参観ヘア ……………… 82

金曜日★
とびきりガーリーヘア …… 84

朝寝坊しても大丈夫！
５分アレンジ① ……………… 86

朝寝坊しても大丈夫！
５分アレンジ② ……………… 88

友うけバツグン★ヘア①
フィッシュボーン ………… 90

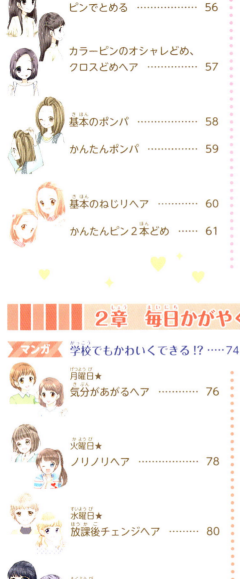

友うけバツグン★ヘア②
ラブリーまきこみ前髪 …… 92

友うけバツグン★ヘア③
ゆるふわくしゅだんご …… 93

男子モテ♥ヘア①
逆りんぱ ………………… 94

男子モテ♥ヘア②
大人かわいいおだんごヘア 95

男子モテ♥ヘア③
片側バレッタ …………… 96

先生うけ◎ヘア①
お姉さん風ヘア ………… 97

先生うけ◎ヘア②
両サイド裏あみこみ …… 98

先生うけ◎ヘア③
前髪ふんわり外はねヘア … 99

運動会ヘア ……………… 100

水泳後のアレンジ ……… 102

クラブ（文化系）ヘア
ポニーふたつわけ ……… 104

クラブ（スポーツ系）ヘア
あみこみひとつ結び …… 106

学習発表会ヘア
みつあみまきツイン …… 108

委員会ヘア
ピンどめハーフアップ … 109

社会科見学ヘア
オシャレななめ結び …… 110

始業式ヘア
あみこみ結びヘア ……… 112

卒業式ヘア
みつあみアップヘア …… 114

♥えりの形別！
テッパン★ヘアアレ …………… 116

3章 おでかけ&イベントヘア

マンガ ヘアアレンジで楽しさ倍増★ ……118

友だちとおでかけヘア①〜ショッピング〜
リボンヘア ……………………120

友だちとおでかけヘア②〜図書館〜
サイドおだんごヘア ………122

友だちとおでかけヘア③〜遊園地〜
前髪ダブルポンパ …………124

友だちとおでかけヘア④〜公園〜
キャンディヘア ……………126

友だちとおでかけヘア⑤〜放課後〜
ねこ耳くるりんぱ …………128

カレとおでかけヘア①〜ショッピング〜
耳かけ内まきヘア …………130

カレとおでかけヘア②〜図書館〜
サイドあみこみ ……………132

カレとおでかけヘア③〜遊園地〜
みつあみふたつ折り ………134

カレとおでかけヘア④〜公園〜
お花風シュシュヘア ………136

カレとおでかけヘア⑤〜放課後〜
学校帰りのデートヘア ……138

💙 人見知りでも大丈夫!!
友やカレと仲よくなれる3ステップ！…140

おでかけヘア① ……………142

おでかけヘア② ……………144

おでかけヘア③ ……………146

女子会ヘア …………………148

家族で旅行ヘア ……………150

ゆかたヘア① ………………152

ゆかたヘア② ………………154

ならいごとヘア くるりんハーフおだんご …157	おうちでもかわいいヘア ヘアバンドでアップヘア …174
ならいごと発表会（文化系）ヘア ねじりハーフアップ ………158	なりきり★プリンセスヘア① ねじりまき髪 …………176
ならいごと発表会（スポーツ系）ヘア ブレイド風ヘア …………160	なりきり★プリンセスヘア② みつあみアップ …………178
お誕生日会ヘア ななめあみこみ …………162	なりきり★アイドルヘア 片サイドあみこみ ………180
ホームパーティーヘア みつあみパーマ …………164	なりきり★ゴスロリ風ヘア たてロールツイン ………182
およばれヘア お姉さん風アップ ………166	なりきり★うさ耳ヘア くるりんツイン …………184
ハロウィンパーティーヘア ねじりツノヘア …………168	なりきり★くま耳ヘア みつあみおだんご ………186
クリスマス会ヘア …………170	なりきり★ねこ耳ヘア トップねじり ……………188

💙 イベントで大活躍！
キレイにうつる
ワンポイント美テク………173

4章　前髪でガラリとイメチェン♥

マンガ 前髪アレンジで別人みたい!? ……190

前髪黄金バランス …………192

前髪スタイルバリエーション …193

前髪わけ方アレンジ ………194

顔の形別!
お似合い前髪診断 …………196

前髪アレンジ①
ヘアアクセを使ったアレンジ …198

前髪アレンジ②
前髪あみこみ ………………200

前髪アレンジ③
前髪くるりんみつあみ ……202

前髪アレンジ④
リーゼント風ヘア …………204

前髪のカットの仕方 ………206

前髪を切りすぎたときの
お助けアレンジ ……………208

前髪ボリュームUPテク …209

♥前髪でハッピーに♪
前髪で運気UP!? ………………………210

5章　ヘアアクセを使ってアレンジ！

マンガ 大活躍のヘアアクセ♥ ……212

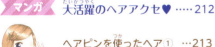

ヘアピンを使ったヘア① …213

ヘアピンを使ったヘア② …214

ゴム系ヘアアクセ …………216

シュシュを使ったヘア ……218

クリップを使ったヘア ……220

ミニクリップを使ったヘア …222

バレッタを使ったヘア ……224

カチューシャを使ったヘア …226

ヘアバンドを使ったヘア …227

リボンを使ったヘア① …228

リボンを使ったヘア② …230

ニット帽にぴったりのアレンジ
カールふたつ結び ……………232

めがねにぴったりのアレンジ
裏あみこみリボン …………233

バンダナにぴったりのアレンジ
ツインねじり ………………234

スカーフのつけ方 …………235

ウィッグのつけ方 …………236

6章　ヘアケアでもっとキラかわ♥

マンガ ブラッシングでうるツヤ髪に♪ ……238

ブラッシングの仕方 ………239

ヘアケアの基本 ……………240

うるツヤストレートヘア …244

ヘアサロンの行き方 ………246

寝グセ解決テク ……………248

♥うるおい120点
　髪をキレイにする習慣 ………………249

♥髪のお悩みＱ＆Ａ ……………250

♥ヘア以外もトータルビューティを目指せ！
　キラかわ✧大作戦！ …………………252

スペシャルマンガ ヘアアレンジってすごい！……254

髪の長さごとにできるヘアアレンジをのせているよ。お気に入りを見つけちゃお★

✂ ショート・✂ ミディアム・✂ ロング

みつあみ	48
ランダム細みつあみ	50
表あみこみ	52
裏あみこみ	54
ピンでとめる	56
カラーピンのオシャレどめ	57
クロスどめヘア	57
基本のポンパ	58
かんたんポンパ	59
基本のねじりヘア	60
かんたんピン2本どめ	61
ラブリーまきこみ前髪	92
片側バレッタ	96
両サイド裏あみこみ	98
あみこみ結びヘア	112
リボンヘア	120
前髪ダブルポンパ	124
ねこ耳くるりんぱ	128
サイドあみこみ	132
お花風シュシュヘア	136

ブレイド風ヘア	160
ねじりツノヘア	168
トップねじり	188
センターパートさわやかヘア	198
キュート前髪横結び	198
プチッと前髪みつあみ	199
前髪あみこみ	200
リーゼント風ヘア	204
お花ピンヘア	213
ちょこっとねじり	214
カラーゴムアレンジ	217
手作りお花コサージュ	218
デカリボンヘア	220
無造作クリップヘア	221
サイドミニクリップ	222
ガーリー風リボン	224
飾りつきカチューシャヘア	226
長リボンヘア	230
うるツヤストレートヘア	244

✂ ミディアム・✂ ロング

ひとつ結び	34
ななめ結び	35
ポニーテール	36

ふたつ結び（ツインテール）	38
変化球ふたつ結び	40
ゆるふたつ結び	41

13

✂ ミディアム・✂ ロング

基本のくるりんぱ	42	
ツインくるりんぱ	43	
基本のおだんご	44	
ふんわりプチおだんご	45	
基本のハーフアップ	46	
ハーフアップポニー	47	
片サイドゆるみつあみ	49	
エレガントみつあみ	49	
ツインゆるみつあみ	51	
結び目を髪でかくす	64	
髪をねじってかくす	65	
わけ目ギザギザツインテール	77	
サイド高めみつあみ	79	
ゆるっとひとつ結び	81	
サイド結びハーフアップ	83	
手ぐしおだんご	85	
フィッシュボーン	90	
ゆるふわくしゅだんご	93	
逆りんぱ	94	
大人かわいいおだんごヘア	95	
お姉さん風ヘア	97	
きっちりツインみつあみ	103	
ふわふわパーマ風	103	
ポニーふたつわけ	104	
あみこみひとつ結び	106	
みつあみまきツイン	108	

ピンどめハーフアップ	109	
オシャレななめ結び	110	
みつあみアップヘア	114	
サイドおだんごヘア	122	
キャンディヘア	126	
耳かけ内まきヘア	130	
みつあみふたつ折り	134	
モテこみシュシュ	148	
ゆめかわくるりんぱ	149	
カチューシャ風ヘア	150	
逆毛おだんご	151	
かくしポニー	152	
くるりんハーフおだんご	157	
ねじりハーフアップ	158	
ななめあみこみ	162	
みつあみパーマ	164	
お姉さん風アップ	166	
ヘアバンドでアップヘア	174	
ねじりまき髪	176	
みつあみアップ	178	
たてロールツイン	182	
くるりんツイン	184	
みつあみおだんご	186	
前髪くるりんみつあみ	202	
アクセつきゴムでひとつ結び	216	
ダブルシュシュだんご	219	

14

ミニクリップポニー	223
ヘアバンドアップ	227
ねじりまとめツイン	228

カールふたつ結び	232
裏あみこみリボン	233

❀ ショート

耳後ろふたつ結び	76
みつあみ後ろピンどめ	78
お姉さんアシメアレンジ	80
ねじりハーフアップ風	82
ちびだんご	84
耳かけクロスヘア	86
ショートちょんまげ	88
前髪ふんわり外はねヘア	99
元気プチツイン	100

くるりんどめ	102
ゆるふわカール	102
ちょいツイン	138
カチューシャ2本使い	144
2本ねじりヘア	146
なんちゃって華やかアップ	154
ねじりふんわりヘア	170
片サイドあみこみ	180

❀ ミディアム

ぷちっとサイドおだんご	86
両サイドちょいねじり	88
ダブルポニテ	100
トップみつあみ	138

おだんご片アクセ	144
なんちゃってボブ	146
みつあみクロスアップ	155
アイドルキュートおだんご	171

❀ ロング

ふわふわボリュームツイン	87
片サイドみつあみ	89
キュートうさぎツイン	101
くるりんポニー	139
スーパーロングポニー	142
サイドポニー	145

ちょこっとおだんご	147
エレガントモリおだんご	156
ラプンツェル風サイドねじりヘア	172
サイドポニーバレッタ	225
ツインねじり	234

15

魔法のアイテムたち

ここではどんな女の子もかわいくなれる魔法のアイテムを紹介しているよ。

ブラシ、コーム

髪をとかしたり、わけたりするときに使うものだよ。

ロールブラシ

前髪をくるんとまいたり、毛先をカールしたりするときに使うよ。

クッションブラシ
髪の表面をととのえたり、ブラッシングするのに便利だよ。

デンマンブラシ
天然ゴムでできているブラシ。熱にも強く、ブローをするときにぴったりだよ。

コーム
「くし」ともいうよ。髪の流れをととのえたり、持ち手の先端で髪をわけとったりするときに使うと便利だよ。

ドライヤー
髪をかわかしたり、クセをつけたり、表面にツヤを出したりしたいときに使うものだよ。

熱いので注意して！

ドライヤー
髪をかわかすときや、アレンジをするときにも大活躍。大きさや機能はいろいろ種類があるよ。

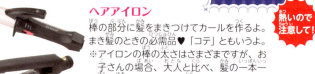

ヘアアイロン
棒の部分に髪をまきつけてカールを作るよ。まき髪のときの必需品♥「コテ」ともいうよ。
※アイロンの棒の太さはさまざまですが、お子さんの場合、大人と比べ、髪の一本一本が細いため26mmの太さがオススメです。

ストレートアイロン
その名のとおり、髪をまっすぐにしたいとき、板のような部分に髪をはさんで使うよ。

マイナスイオンって？
ドライヤーによっては"マイナスイオン"が出るものがあるよ。静電気を起こしにくく、髪にとってもやさしいといわれているよ。

鏡

洗面台の鏡から手鏡、卓上ミラーまでいろいろあるよ。

卓上ミラー
立たせて使うことができる鏡。両手があくので、アレンジをするときにとってもオススメ。

手鏡
手に持つタイプの鏡だよ。合わせ鏡をして横や後ろ姿などをチェックするのに便利だよ。

ヘアゴム

髪を結ぶときに使うものだよ。太めのものやプラスチックの細めのゴムまで種類がいろいろあるから、目的によって使いわけてね。

ゴム
太いゴムはひとつ結びや多めの量の髪をしっかりまとめたいときに、細めのゴムは少量の髪をまとめたり、髪の短い人にオススメだよ。

飾りゴム
ゴムにお花やポンポンなどの飾りがついているもの。

シュシュ
やわらかな布にゴムを通して、くしゅくしゅさせた髪飾り。

ピン、クリップ

おだんごなど、髪をしっかり固定したいときに使うよ。

玉つきピン
先端に玉がついているピン。頭皮にあたってもいたくないよ。

ダッカール
アレンジのときに軽くはさんだり、髪をカットするときにわけとめておくのに便利。また飾りのついたものは「くちばしクリップ」ともよばれていて、アクセとして使うものだよ。

アメリカピン
「アメピン」ともいうよ。波型になっていて、とめたときに髪の毛がすべりにくいよ。

Uピン
「U」の字の形のピン。おだんごなどを固定するよ。

ヘアクリップ
髪以外にもバッグや服にはさめるすぐれもの。はさむだけで華やかになるよ★

カーラー

特別なイベントの日などに、おうちの人と相談していっしょに使ってみてね。

熱いので注意して！

ホットカーラー
カーラーを熱であたためて髪の毛にまき、付属のピンで固定するよ。熱がさめるまでしばらく置いて外せばふんわりした感じになるよ。

マジックカーラー
表面のガリガリした部分に髪をまきつけるよ。髪のトップに少しだけボリュームを出したいときや毛先をふんわりさせたいとき、前髪を軽くカールして流したりするときにオススメ。熱を使わないから髪にもやさしいよ。

ヘアアクセ

アレンジのしあげにつけたすことで、より華やかさをアップするものだよ。

カチューシャ、ヘアバンド
どちらも頭につけるヘアアクセ。ヘアバンドには、ワイヤーが入っているタイプもあるよ。

バレッタ、ティアラ
「バレッタ」は裏側にパッチンどめがついていて、髪をとめるもの。「ティアラ」は頭のま上に飾るものだよ。

17

テッパン！ヘア用語 ♥♥♥

この本でたくさん出てくるヘア用語を紹介しているよ。
どこの部分のことをいっているのか
絵を見ながらたしかめてみよう。

髪の長さ
この本での髪の長さのよび方だよ。
- ショート … あご先あたりまでの長さ
- ミディアム … あご先から鎖骨あたりまでの長さ
- ロング … 鎖骨から下の長さ

フロント
耳の上からおでこの
あたりの髪のこと。
前髪も入るよ。

サイド
顔の横にある髪の
毛（左右両方をい
うよ）。

これも知っておこう！

おくれ毛
髪を結んだときに、長さがたりなくて少し残って下にたれた髪のこと。

手ぐし
ブラシやコームを使わず、自分の手をくしのように使って、髪をとかすこと。ナチュラルな雰囲気になるよ。

逆毛
髪にボリュームを出したいときに手やコームを使って、毛先から根元に向かって逆立ててふくらませること。ふんわりして華やかさがアップするよ。
（くわしくは 62 ページを見てね）

トップ
頭のてっぺん部分やその近くのこと。

えりあし
首の後ろ（うなじ）の髪のはえぎわのこと。

フェイスライン
「フェイスラインの髪」は顔まわりのはえぎわ全体のラインのことをいうよ。

もみあげ
耳の前で細く下がっている髪の毛のこと。

毛束

髪をまとめた束。アレンジによって束の太さや量が違うよ。

ボリューム
髪の「量」のこと。髪の量を多く見せたいときに「ボリュームを出す」などというよ。

レイヤー
髪の長さに長短をつけることをいうよ。「段をつける」ともいうの。また「シャギー」もレイヤーのひとつだよ。

まずは基本中の基本！
自分の顔の形を知る！

だれでも似合う髪型は必ず見つかるもの。
そのためにも自分の顔の形を正しく知ることはとても大切だよ。
さあ、さっそくチェックしてみよう！

ドキドキ顔型チェック

1
幅3cm、長さ30cmに切った紙を用意しよう。洗面台や鏡台など、顔の全部がきちんとうつるくらいの鏡の前に立ってね。髪の毛が長い人はひとつに束ね、おでこがしっかり出るようにヘアバンドなどでとめよう。

2
ほおに紙をしっかりあてる
紙のまん中あたりをあごの下にしっかりあてて、そのまま両側から少し引っぱり上げるようにして、ほおにくっつけてね。

3
鏡にうつったあごのラインがどんな形か、たしかめよう。右ページの4つの顔型のどのタイプにいちばん近いかな？

あなたの顔型診断結果

人の顔は大きく4つにわけられるよ。自分の顔型の特徴を知っておこうね！

丸顔さん

あごのラインが丸く、ほおがふっくらしている。顔のたて横の長さが同じくらい。

➡ P.22

たまご顔さん

あごは丸くなく、少し細め。顔のたてのほうが横より長く、顔まわりに沿ってやさしいカーブになっている。たまごを逆さにしたような形。

➡ P.23

四角＆ベース顔さん

あご先が平べったく、えらがはっている。全体的に骨格がしっかりしているよ。

➡ P.24

逆三角形顔さん

あごの先がとがっていて、スッキリしている。顔のたてのほうが横より長いよ。

➡ P.25

丸顔さんにオススメスタイル♥

DATA

日本人にいちばん多い顔の形だよ。あごやほおがふっくらしていて、かわいらしい印象の丸顔さん。トップに高さを出すと、スッキリして見えるよ。

ショート
トップに高さを出してたてラインを強調！

トップにボリュームを出して、たて長に見えるようにするといいよ。前髪はナチュラルにするとかわいらしく、少しのばして、サイドに流すと、ぐっと知的美人な印象に♥

ミディアム
サイドの髪でほおをスッキリ！

フェイスラインに沿ってレイヤーを入れて、ほおに髪がかかるようにするのがコツ。丸みがかくれてほっそり見えるよ。

ロング
前髪にすき間を作ってほっそり美人に！

前髪は流して、ハの字をかくようにおでこにすき間を作ると、たてラインが強調されてスリム効果大！ 顔の形だけではなく、雰囲気もさわやかになってステキだよ。

たまご顔さん にオススメ スタイル♥

DATA

あごにかけてほっそりしていて、大人っぽい印象のたまご顔さん。サイドをふんわりさせることでたて幅のバランスがとれ、華やかさもプラス！ 見た目もキュートな印象になるよ。

ショート

前髪を作ってかわいらしく！
前髪を左右に流しておでこがよく見えるようにすると、髪が短い分、ボーイッシュに見られがち。おでこをかくす前髪でかわいらしい印象を持たせるのが◎。

ミディアム

サイドの髪にボリュームを作る！
ほおのあたりの髪にボリュームを出し、たて長になりすぎないようにバランスをとって。前髪を上げて、キレイなおでこを出すのも似合うよ♥

ロング

トップはボリュームを出しすぎない！
かわいい系もキレイ系も似合う顔型。ロングの場合はいろいろ楽しんで。トップはボリュームを出しすぎないのがポイント。前髪は少し多めで、ふんわりさせたり、毛先をカールしてみてもいいよ。

23

四角&ベース顔さん
にオススメスタイル♥

DATA
骨格がはっきりしていて、しっかりした印象の四角&ベース顔さん。前髪は広くとらないのがポイントだよ。

ショート

**前髪はサイドでわけて
スッキリと！**

前髪は少し長めにしてサイドにカーブをえがくようにすると、やさしい印象になるよ。

ミディアム

**顔まわりの髪は
ふんわりと！**

えらが強調されないように、髪がぴったりとほおにつかないようにするのがポイント。ふんわりとかかるようにすると、かわいいよ。

ロング

**バックはボリュームを！
えりあしはスッキリと！**

えりあしをキュッとしめ、バックをふんわりしたカットにすると、小顔効果もあるよ。前髪はまん中わけにすると、顔が四角く見えるから、カールして丸さを出すか、サイドに流すかが◎。

逆三角形顔さん
にオススメスタイル♡

DATA
あごのラインがとってもほっそりしていて、きゃしゃな印象の逆三角形顔さん。あご下にボリュームを出すことで、やさしい印象になるよ。

ショート

トップにボリュームを出す！
頭のサイドがはって見えないように、トップに動きをつけたヘアスタイルがいいよ。えりあしに長さを出して、毛先にシャギーを入れると、女の子らしい雰囲気になるよ。

ミディアム

前髪を多くとってやわらかさをプラス！
前髪を多く、長めにとることで丸みを持たせ、顔まわりにやさしい印象を持たせて。毛先を内まきにするのも軽やかな感じが出てステキだよ。

ロング

あごまわりにボリュームを！
あごまわりに髪を多めに残すことによって、丸みが出て、華やかさがアップするよ。耳のあたりからあごのほうまで軽くシャギーを入れるのも、ふわっとしたかわいらしさが出てGOOD！

知っておきたい！
あなたのヘアタイプは？

自分のヘアタイプを知ると、自分に合うヘアアレンジやヘアケアのコツがわかるよ。自分のヘアタイプをいかして、もっとかわいくなろう！

テスト1　自分にあてはまるのは、いくつ？

- 髪の毛を持つと、ヘナッと曲がる。
（長い髪は10cmくらいに切ってね）
- 指に髪をまき、10数える。指を離すと、少しクセがつく。
- 髪の毛の手ざわりはツルツル。

ふたつ以上あてはまれば…

ひとつ以下なら…

テスト2　自分にあてはまるのは、いくつ？

- いつも同じところに寝グセができる
- 雨の日は髪の毛がふくらむ
- シャンプー後はブラシが通りにくい
- 自然乾燥すると、髪の毛が広がる
- 髪をとめたゴムがからまりやすい

4つ以上あてはまれば…………

3つ以下なら …………………

テスト3　自分にあてはまるのは、いくつ？

- 毛先がパサパサしている
- 枝毛がある
- 髪にツヤがない
- 髪をとかすと切れたり、からむ
- 雨の日は髪が広がってまとめにくい

4つ以上あてはまれば…………

3つ以下なら …………………

テスト1〜3で、どんな色の星になったかな？
同じ星の色の組み合わせを見つけてね。

どんな髪型も自由自在な、やわらかくてヘルシーな髪だね。新しいヘアアレンジにどんどんチャレンジして。髪を結ぶとき、キツく結びすぎるとキレイな髪がいたむので注意。

やわらかくて、どんな髪型も似合う髪質だけど、ちょっと髪のダメージが気になるよ。239〜243ページを読んで、イキイキしたヘアを目指してね。

41、93、106ページなど、やわらかいクセ毛だからこそキマるヘアアレンジはいかが？ 髪がとてもいたみやすい状態だから、週1回ペースでトリートメントしてみて。

シンプルな結びヘアも、やわらかいクセ毛なら毛先に遊びが出てGood！ コンディショナーをつけたら少し時間を置いて、よくすすいでね。毛先がふんわりするよ。

キレイなコシのある髪ね。学校では清潔感のある46ページなどのハーフアップ、遊ぶときは毛先に動きが出る176ページなどのヘアスタイルにして、変身を楽しんで！

ストレートも、変わり結びもキマる太くてしっかりした素直な髪ね。でも、少しいたみが気になるよ。234ページのまとめ髪などできちんと感が出るヘアスタイルがオススメ。

量が多いクセ毛は寝る前に髪をかわかすと、ダメージも少なくまとまりやすいよ。51ページなどかわいいまとめ髪をマスターすると雨の日もハッピー。

髪の状態はGood。髪質がしっかりしていて量が多いから、168、188ページなどの存在感のある髪型はあなただからこそお似合い！ カラフルなヘアアクセも相性バツグンだよ。

この本の見方 BOOK

この本では、ひとりでもできるオシャレなヘアアレンジを紹介しているよ。はじめにこのページを見てから、好きなアレンジにチャレンジしてね。

髪の長さ
紹介しているアレンジができる髪の長さのマークがついているよ。長さについてはP.18を見てね。

ヘアアレンジ名
試してみたいヘアアレンジ名からはじめてもOK！

レベル
紹介しているアレンジを、かんたん・ふつう・むずかしいの3つのレベルにわけているよ。

用意するもの
ヘアアレンジに必要な道具を紹介しているよ。ここを見て用意してからはじめてね。

プロセス
ヘアスタイルができあがるまでの流れをわかりやすく紹介しているよ。

キャラかわポイント
よりかわいくヘアアレンジがキマるポイントを紹介しているよ。

できあがり
完成形スタイル。つけているヘアアクセはおうちにあるものやお気に入りのものに変えてもいいよ。

アドバイス
困ったときにどうしたらよいかの解決策や、キレイな髪を保つためのアイデアを紹介しているよ。

NG
あまりかわいくならない、またやってしまうと失敗につながることを紹介しているよ。

28

ヘアアレンジの前に

ヘアアレンジをはじめる前に、知っておくと役立つポイントを紹介するよ！

1 鏡のサイズが大切

スタイルが見える大きさで

顔や髪型をうつす鏡は、おうちにある姿見や洗面台の鏡だとサイズが大きく、両手が使えて便利。卓上タイプを使うときは、顔や頭全体が入るサイズのものにしようね。

2 使う道具は清潔にね

ときどきお湯で洗って高温には注意！

ブラシやコームなどヘアアレンジに使う道具は、清潔に保ってね。からまった髪の毛をとり除き、ときどきお湯（お風呂の熱さくらい）で洗おうね。道具を不潔にしていると自分の髪の毛を汚したり、かゆみが出たりするほか、道具自体のいたみが早くなるので注意してね。

★道具についている汚れは、ワックスなどの油のものが多いので、水だと落ちにくいよ。また熱すぎるお湯だとやけどをしてしまうこともあるから、お湯の温度には気をつけてね。

1章　基本のアレンジ

3 ワックスを活用しよう！

ひとつ用意しておくと便利

ワックスは髪をまとめる、立ち上げる、動きをつける、ツヤを出すなどいろいろ使える便利なアイテム。使う量を調節しながら、ちょっとしたコツを覚えて活用してね！

★この本で紹介しているヘアアレンジも髪をとかしたあと、事前にワックスをつけておくと、髪がまとまりやすくていいよ。ただし、人によってはかゆみが出ることもあるから、かゆみが出た場合は使わないでね。

アドバイス

ワックスを使った日は、髪を必ず洗おう。ワックスが髪に残るとかゆみなどの原因になるので、シャンプーやすすぎはいつもよりていねいに。シャンプーの泡立ちが悪ければ、二度洗いをしてね。

NG ワックスのつけすぎには注意！量が多いとベタついて見えたり、なじませないでつけると、かたまりになったりしてところどころに白く残っちゃうよ。

髪をまとめるときのワックスの使い方

1 よく髪をとかしたあと、指2本分くらいの量のワックスをとる。

2 両手のひらを合わせるようにして、よくなじませる。

3 両手の指を広げ、髪の根元から指を入れるようにして全体につける。

髪をきっちりまとめたいときに

毛先をクシュクシュしてラフな感じにしたいときに

毛先に動きをつけたいときに

結ぶ ひとつ結び

何度も練習して、キレイにまとめてみようね。

1 きき手の手首にゴムを通しておく

はじめに、きき手の手首に使うゴムを通しておくと、スムーズに作業ができるよ。ゴムを使うヘアアレンジの最初の準備だから、覚えておこうね。

用意するもの
ブラシ　コーム　ヘアゴム

> **アドバイス**
> 髪の毛の量が多い人は、後ろの髪を上下2ブロックにわけて、内側の髪を先に根元からとかし、それから全体をとかすとキレイにしあがるよ。

2 髪の毛をよくとかす

どのスタイルを作る前にも、必ずブラッシングはしようね。とかす順番は、毛先→まん中ととしたら、最後に根元から毛先まで通してとかそう。くわしいやり方はP.239を見てね。

> **NG** まとめた髪をグーで強くにぎるとやりにくいよ。

3 後ろで髪をまとめる

ブラシを持つ手と反対の手を広げて、親指の根元を頭の後ろへつける。親指と人さし指の2本で髪の束を軽くつかむようにして、とかしながらまとめてね。

1章　基本のアレンジ

4 髪にゴムを通してしばる

ブラシを置いて、手首に用意した太いゴムに髪の毛を通す。ゴムを8の字にして、通せなくなるまで、何度も髪を通して束ねるよ。

5 しばった髪をわけてしっかり固定する

結んだ毛束をふたつにわけて、キュッと左右に引っぱり、ゴムの位置が根元にくるようにするよ。

6 全体をととのえる

コームで前髪と、ひとつにまとめた毛先をとかして表面をととのえるよ。

できあがり

アレンジ　Arrange

ななめ結び

左ページの 3 のあと、髪の毛を首の横の位置でまとめるよ。毛束は首に沿うようにするとかわいいよ。

35

結ぶ ポニーテール

かんたん ★☆☆

高い位置で、馬のしっぽみたいに結ぶ、P.34のひとつ結びのアレンジだよ。

用意するもの

ブラシ　コーム　ヘアゴム　ワックス

✦ キラかわポイント
きっちり、高い位置でまとめるためには、髪の表面に軽くワックスをつけよう。ワックスについてはP.33を見てね！

1 手首にゴムを用意して髪をとかす

きき手の手首に使うゴムを通しておき、毛先→まん中→トップの順番で、キレイに髪をとかすよ。P.34の 1 〜 2 までと同じで、アレンジの基本だよ。

3 後ろでまとめた髪を高い位置へ

あごを少しだけ上げて、えりあしからブラシで髪を持ち上げるようにして、結ぶ位置を高く上げていくよ。位置が決まったらずれないように持ってね。

♡ アドバイス
あごを少しだけ上げることで、えりあしの毛がまとめやすくなって、結んだときに後ろの髪がたるみにくいよ。

2 後ろで髪をまとめる

ブラシを持つ手と反対の手を広げて、親指の根元を頭の後ろへつける。親指と人さし指の2本で髪の束を軽くつかんで、高めの位置に髪を集めるよ。

1章　基本のアレンジ

4 まとめた髪を結ぶ

ブラシを置いて、手首に用意したゴムに髪の毛を通す。ゴムを8の字にして、通せなくなるまで、何度も髪を通して束ねるよ。

5 結び目を、しっかり固定する

結んだ毛束をふたつにわけて左右に引っぱり、ゴムの位置が根元にくるようにするよ。

6 全体をととのえる

コームで前髪と、えりあし、表面の部分をととのえるよ。

NG えりあしと、耳の横がボヨンとしまりがないと、スタイルがキマらないよ。ここは、きっちりキレイにしあげようね。

できあがり

結ぶ ふたつ結び(ツインテール)

しっぽがふたつのツインテールは、女の子の定番！
コームの柄をうまく使って、髪を均等にわけてね。

かんたん
★☆☆

用意するもの

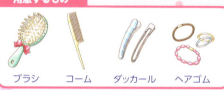

ブラシ　コーム　ダッカール　ヘアゴム

持ち方ポイント

コームは刃のつけ根あたりに手をそえるようにして軽く持つよ。不安定にならず、自由自在にコームが使えるよ。

1 髪をふたつにわける

手首にゴムを通し、髪をよくとかす。基本はP.34の **1〜2** と同じ。コームの柄の先を地肌にななめにあて、まん中から後ろまで、髪をきちんとふたつにわけるよ。

アドバイス

ふたつにわけた髪は、一度両手でにぎり、左右の分量が同じかどうかたしかめようね。

2 片方を仮どめしてもう片方をとかす

結ばないほうの髪をダッカールで仮どめする。結ぶほうの髪を、横でまとめるようにしてブラシでよくとかすよ。

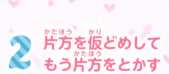

ロング
ミディアム

38

1章 基本のアレンジ

3 髪にゴムを通して しっかりしばる

P.35の4と同じように、ブラシを置いて、手首に用意したゴムのひとつを髪の毛に通して結ぶ。毛束をふたつにわけて左右に引っぱり、ゴムを固定するよ。

キャラかわポイント

鏡を見ながら、ふたつの結び目が同じ高さかどうかをたしかめてね。

4 反対側も結ぶ

仮どめのダッカールを外して、反対側も同じように結んでね。

5 毛先をととのえる

位置が決まったら、コームで両方の毛先や前髪をていねいにとかし、ととのえよう。

できあがり

ふたつ結びアレンジ

結び目をゆるませたり、高さを変えたりすると、雰囲気が変わるよ♥

アレンジ❶ Arrange

変化球ふたつ結び
段差をつけて元気っ子！

かんたん
★☆☆

用意するもの
ブラシ　コーム　ダッカール　ヘアゴム

1 片方の髪を高い位置でまとめる

P.38の1〜2と同じように髪をふたつにわけたら、片方は頭の高い位置でまとめる。ブラシを上向きで持ち、下から上へ動かして髪をすくいあげ、結び目を上へ持っていくよ。

アドバイス
結んだ毛束をふたつにわけて、左右に両手で引っぱる。ゴムをしっかり固定して、高い位置をキープするためだよ。

2 もう片方は下めに結ぶ

高いほうができたら、反対側は耳の後ろあたりで結ぶよ。高さの変化を楽しむスタイルだよ。

できあがり

アレンジ ❷ Arrange
ゆるふたつ結び
ちょいゆるガーリーツイン。

用意するもの

ブラシ　コーム　ダッカール　ヘアゴム

1章　基本のアレンジ

1 ふたつ結びをする

P.38 の **1〜4** までのようにふたつ結びにする。

ロング
ミディアム

2 結び目を
ちょっとだけ下げる

鏡を見ながら両手で結び目のゴムをつかみ、ちょっとだけ下にずらしてゆるませるよ。

アドバイス
結び目のゴムを下げるとき、前のほうに毛先がくるように下げるとかわいいよ。

キラかわポイント
ゴムの結び目と耳の間の毛を指先で、ちょっとだけつまんでゆるっとさせるとかわいさUP！

できあがり

くるりんぱ
基本のくるりんぱ

ふつう ★★★

結んでくるんとするだけの超速テクニック！

用意するもの

ブラシ　コーム　ヘアゴム　ワックス

ロング／ミディアム

1 髪をとかす
きき手の手首に使うゴムを通しておき、髪全体をブラシでよくとかす。

キラかわポイント
あらかじめ少しだけワックスをつけると、くるんとひっくり返したとき、カールにツヤが出てキレイに見えるよ。

2 髪をサイドでまとめる
とかしながら、片側に髪を集めるよ。

3 下のほうで結ぶ
ゴムは髪の根元ではなく、少しゆるめにして、毛先寄りに結ぶよ。

♥ 1章 基本のアレンジ

4 内側から指を入れる

結んだゴムの上に穴をあけて、内側から親指と人さし指を入れる。

5 あけた穴に毛束を通す

内側から入れた2本の指で毛束を引き入れるようにして穴へ通し、くるんとひっくり返すよ。結び目のゴムをつかむと通しやすいよ。

6 ととのえる

毛先が穴を通ってくるんとひっくり返ったら、毛束をふたつにわけて左右に引っぱる。毛先をコームでとかしてととのえよう。

できあがり

Arrange

ツインくるりんぱ

P.38「ふたつ結び」の1～4までと同じ。結ぶ位置は耳の上より少し高めにしてね。結んだ両方の毛束をくるりんぱ。サイドがふくらみ、毛束が首元にふんわり沿うよ。かわいくて大人っぽさもあるアレンジ。

おだんご

基本のおだんご

ふつう ★★☆

髪をまとめるときに大活躍！
アップヘアの基本をマスターしよう。

ロング
ミディアム

用意するもの

ブラシ　コーム　ヘアゴム　アメピン　Uピン

1 よくとかして手ぐしで髪を集める

はじめに、きき手の手首に使うゴムを通して、髪をよくブラッシングする。次に、指を広げて髪の根元から入れ、手ぐしで髪を集めるよ。

NG 手ぐしで髪を集めるとき、つめは立てないようにしてね。指のはらを使おうね。

4 毛束をまいておだんごを作る

結び目のゴムを軽くおさえて、毛束をゆるめにひねりながらまきつけ、半回転したところを一度アメピンでとめるよ。

3 毛束を固定する

毛束をゴムで結び、ふたつにわけて左右に引っぱる。おだんごの土台となるので、きっちりと固定するよ。

2 トップでまとめる

おだんごは高い位置に作るので、ブラシで頭のトップへ向かって髪を寄せ集める。毛束を持つ手が動かないように、がんばってキープしてね。

44

1章　基本のアレンジ

キラかわポイント

おだんごを作るときは、強くねじりすぎると、おだんごが小さくなってしまってかわいく見えないよ。髪を軽くねじるのが、ふんわりかわいさUPのポイントだよ。

5 アメピンやUピンで固定する

残りの毛束をぐるぐるとまきつけて、アメピンやUピンでまとめる。

6 ととのえる

おくれ毛と、前髪をコームでととのえてしあげるよ。

できあがり

Arrange

ふんわりプチおだんご

目じりの幅でトップの髪をとりわけ、中央より少し横の位置で結ぶ。毛束を軽くねじってま上に持ち、指でつまんで逆毛を立てる（P.63を見てね）。あとは 4 ～ 5 と同じようにおだんごを作ってね。

基本のハーフアップ

ハーフアップ　かんたん ★☆☆

落ち着いたお姉さん風にまとまる、上品なアレンジだよ。
基本をマスターすれば、さらにアレンジができるよ！

ロング／ミディアム

1 髪をよくとかす

はじめに、きき手の手首に使うゴムを通して、毛先→まん中→トップの順番で髪をよくブラッシングする。

用意するもの

ブラシ　コーム　ダッカール　ヘアゴム

2 上部の髪をまとめる

両手を広げて、親指を耳のつけ根にあて、そのまま線を入れるように、なめ上のほうへ髪をダッカールでまとめておく。下部分の残りの髪はダッカールでとめる。

3 トップをブラシでとかす

上部分のダッカールを外し、ブラシで、トップの髪を前から後ろへ向かってとかす。

キラかわポイント

髪を上下にわけるとき、耳のつけ根からななめ上へラインをつけるのがポイント。まっすぐ直線にわけてしまうと、かわいさ半減だよ！

アドバイス

トップの髪を前から後ろにとかして、髪のわけ目を消すのが、このスタイルのポイント！

46

1章 基本のアレンジ

4 上部分をまとめる

サイドとトップの髪を、よくとかしながら頭の後ろのまん中あたりにしっかり集めてね。

5 毛束を結ぶ

毛束をゴムで結ぶ。結んだ毛束をふたつにわけて左右に引っぱり、ゴムをしっかりと固定しようね。

NG 結んだゴムの位置が高すぎると、毛束がぴょんと浮いてしまって、お姉さんらしさがなくなるよ。

6 全体をととのえる

ダッカールを外して、下の部分の髪をコームでキレイにとかす。

できあがり

Arrange

ハーフアップポニー

耳の後ろからななめに髪をとりわけ、できるだけ高めの位置までまとめる。まとめたら、そのあと 5 と同じくゴムで結んで、毛束をふたつにわけて左右に引っぱり、ととのえてね。結び目にアクセをつけてもかわいいよ。

47

あむ みつあみ ふつう ★★☆

いろいろなアレンジに出てくるよ！
何度も練習して覚えてね。

用意するもの

ブラシ　コーム　ヘアゴム　ダッカール

キラかわポイント

髪をわけるとき、2本の指を根元深くから入れるのがポイント。3つにわけた毛束は、指と指の間にはさんで持ってね。

1 毛束を3分割する

髪をふたつにわけ、片方を仮どめする。仮どめしていないほうの髪を片側に寄せてよくとかし、根元から指を入れて、毛束を3つに均等にわける。

2 まん中の毛束②に右の毛束①を重ねる

まん中の②の上に右の①を重ねる。

3 ③の毛束を上に重ねる

①と②のまん中になるように③の毛束を上に重ねるよ。

4 わけた毛を交互にあむ

右にある毛束を上から重ねてまん中に、次に左にある毛束をまん中に重ねて、2と3をくり返す。

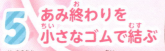

5 あみ終わりを小さなゴムで結ぶ

毛先近くまできたら、小さなゴムで結ぶ。仮どめをしているほうも同じようにあんで、最後に鏡を見てあみ終わりが両方同じ高さかどうか、たしかめてね。

できあがり

ロング　ミディアム　ショート

1章 基本のアレンジ

みつあみアレンジ

みつあみのアレンジを楽しんじゃお！

アレンジ ❶ Arrange

片サイドゆるみつあみ
エアリー感がポイント！

ふつう ★★

用意するもの

ブラシ　コーム　ヘアゴム　ダッカール

片側へ髪を寄せ、指で3つに髪をわけ、最後までみつあみをして小さなゴムでとめる。とめたゴムを片手で持ちながら、あみ目を上からひとつひとつ、指でつまんで引っぱる。全部のあみ目をゆるませるよ。

NG あみ目を引っぱるときには、一度につまみ出そうとすると全体がくずれてしまうよ。少しずつつまんでふんわり感を出そう！

ロング

ミディアム

アレンジ ❷ Arrange

エレガントみつあみ
ちょっぴり乙女チックに♥

ふつう ★★

用意するもの

ブラシ　コーム　ヘアゴム　ダッカール

コームで髪をまん中からわける。さらに両サイドの髪をトップから耳の後ろ側までとりわけてそれぞれを3つにわけよう。みつあみをし、下を小さなゴムでとめる。後ろの髪はとかしてね。

アレンジ ❸ Arrange

ランダム細みつあみ
ゆれる細みつあみで明るい印象に！

用意するもの

ブラシ　コーム　ヘアゴム

1 髪をとかしてわける
髪をよくとかし、8対2の横わけにするよ。

2 前髪の後ろ部分をすくう
多くわけたほうの前髪の後ろ部分を少しすくって、コームでとかしてね。

3 みつあみにする
すくった髪を細いみつあみにし、あみ終わりを小さなゴムで結ぶよ。

4 さらにみつあみを作る
作ったみつあみから少し間隔をあけたところに、もう2本みつあみを作ろう。少なくわけたほうの髪にも同じようにしてみつあみを2本作り、前髪をコームでととのえるよ。

NG みつあみが太いとカッコ悪くなるよ。とりわける髪の分量に気をつけてね。

キャラかわポイント
みつあみを作る位置は、高さ違いでランダムに。平行に作らないことがかわいさのコツ。

できあがり

ロング / ミディアム / ショート

ふつう ★★☆

1章　基本のアレンジ

アレンジ ④ Arrange

ツインゆるみつあみ
あみ目をふくらましてもっとかわいく♥

ふつう ★★

用意するもの

ブラシ　コーム　ダッカール

ヘアゴム　アクセつきゴム

ロング

ミディアム

1 みつあみにする

P.38「ふたつ結び」の 1〜4 まで同じようにする。結ぶ位置は、耳の上の高い位置にしてね。

アドバイス

クセ毛の人は、ウォータースプレーで髪をしめらせてからみつあみをすると、ボリュームをおさえられるのでスタイルが作りやすくなるよ。

2 みつあみにする

結んだ毛束をみつあみにするよ。

3 あみ目を広げる

みつあみのあみ目を指先で広げてふくらませよう。根元にアクセつきゴムをつけてね。

できあがり

あみこみ

あむ

みつあみをマスターしたらあみこみにチャレンジ。
あむ方向の違いで2種類あるよ！

アレンジ ① Arrange

表あみこみ

むずかしい ★★★

表あみこみって？

髪を中へ中へとあみこんでいくのが表あみ。しあがりは、あみ目が内側に入っているアレンジだよ。

用意するもの

ブラシ　コーム　ヘアゴム

1 あみこむ髪を3つにわける

髪全体をブラシでよくとかし、あみこむ毛束をすくいとる。すくいとった毛束をさらによくとかしてから、根元から指を入れて3つにわける。

2 最初はみつあみにする

3つにわけた❶〜❸のうち、❷の束を残して、❶と❸の束をみつあみのようにしてあむよ。

1章 基本のアレンジ

4 後ろ側の髪もいっしょにあみこむ

次に、❶の束をあむときに、❸の後ろ側にある下の髪（❺）を同じようにすくい、❶といっしょにあむ。❷と❹の束をまたぐように内側へ入れるよ。

3 あんだら下の毛もいっしょにあむ

次に、❷の束をあむときに、前髪側の下の髪（❹）を❶でわけた毛束と同じくらいの分量をすくい、❷といっしょにあむよ。

5 下の毛をとりながらあみこみを進める

❸、❹をくり返す。あむたびに、前髪側（❹）と後ろ側の下の毛（❺）をすくっていくと、地肌に沿ってあみこみがあらわれてくるよ。

6 すくう髪がなくなったらみつあみにする

すくう下の毛がなくなったら、表面の長い髪を最後までみつあみにする。下を小さなゴムで結んでね。

できあがり

53

アレンジ ❷ Arrange
裏あみこみ

むずかしい ★★★

裏あみこみって？
表あみこみとは逆に、外へ外へとあみこんでいくのが裏あみ。しあがりは、みつあみが髪の上にのっているように見えるよ。

用意するもの

ブラシ　コーム　ヘアゴム

★まずは裏みつあみをマスターしよう！★

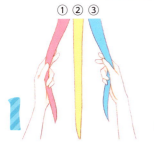

1 毛束を3つにわける（最初に35〜40cmの色違いのリボンやヒモを3本用意して、家具などの足にしばりつけて練習してもOK）。

2 手のひらは内側へ向けて❶と❸をつかみ、右手で❸をつかんだまま❷をつまんで手首を返す。次に左手で❶をつかんだまま❸をつまみ、手首を返すと❶がまん中にくるよ。

3 ❷をくり返す。まん中にくる束をつかみ、交互に手首を返してあんでいくとあみ目があらわれてくるよ。

★裏あみこみのやり方★

 あみこむ髪を3つにわける

髪全体をブラシでよくとかし、あみこむ毛束をすくいとる。すくいとった毛束をさらによくとかしてから、根元から指を入れて3つにわける。

1章 基本のアレンジ

3 後ろ側の下の毛もいっしょにあむ

次から下の毛をすくいながらあみこむ。❷と同じ分量の髪を後ろ側からすくって（❹）合わせ、❶の束は❷と❹の束の上をまたがせるよ。

2 最初は裏みつあみにする

❷の束を、❸の束の上からまたがせる。❸は、❶の束の上をまたがせ、裏みつあみをする。

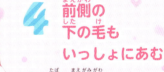

4 前側の下の毛もいっしょにあむ

❸の束と前髪側からすくいとった❺を合わせ、❷と❹の束は、❸と❺の束の上をまたがせるよ。

5 すくう髪がなくなったらみつあみにする

❸、❹をくり返す。あむたびに、後ろ側と前髪側の下の毛をすくいとり、すくう下の毛がなくなったら最後までみつあみにする。下を小さなゴムで結んでね。

できあがり

55

とめる ピンでとめる ★☆☆ かんたん

正しいピンの持ち方、さし方を覚えると、スタイルの完成度がUPするよ！

短いほう / 長いほう

1 長いほうを下にして持つ

アメピンの上下は短いほうが上、長いほうが下だよ。長いほうが下にくるようにきき手で持つよ。

アドバイス
次にピン先を広げるので、アメピンはまん中あたりを持ってね。

2 ピンの先を広げる

きき手と反対の手の親指を横にして、側面をアメピンの先で少しはさむ。そして、指先を少し曲げて、アメピンの先を広げよう。

用意するもの

ブラシ　アメピン

NG 親指のつめ先を入れてピンを広げようとすると、つめにピンがささって危ないよ。必ず指の横で広げよう。

3 地肌に沿わせてさす

ピン先を広げた形をキープしたまま、長いほうをさしたい部分の地肌に沿わせるようにして、髪をとめるよ。そうすることで、作った髪型をくずさずにしっかりとめることができるよ。

できあがり

ロング / ミディアム / ショート

1章 基本のアレンジ

アレンジ❶ Arrange

カラーピンのオシャレどめ
カラフルなピンでたくさんとめるだけ！

かんたん ★1

用意するもの

ブラシ　コーム　カラーピン

トップの髪をコームで少しすくってひとねじりし、カラーピンでとめる。とめ方はP.56を見てね。その下の髪も2〜3か所同じようにとめる。反対側も同じようにしてね。

できあがり

アレンジ❷ Arrange

クロスどめヘア
アメピンをクロスさせてかわいく！

かんたん ★1

用意するもの

ブラシ　コーム　アメピン

髪を横わけにして、サイドの髪を3cm幅で残してコームでとかし、あとの髪は耳にかける。残した髪を片手でおさえながら、アメピンを×印のようにクロスさせてとめるよ。反対側も同じようにしてね。

できあがり

57

ポンパ 基本のポンパ

前髪をスッキリ立ち上げてふくらみを持たせる、定番ポンパドールスタイルだよ。

用意するもの

 ブラシ　 コーム　 ワックス　 アメピン　ヘアゴム

ロング / ミディアム / ショート

1 髪をよくとかす
髪をブラッシングする。次に、コームで前髪から後ろに向かって髪をとかす。

2 髪をとりわける

おでこからトップまでの髪をとりわける。とりわける幅は黒目の中心から中心だよ。指先に少しだけワックスをつけて髪の根元につけると、まとめやすいよ。

 NG 髪をとりわけるとき、広くとりすぎてしまうのはNG。

3 毛束をねじる

とりわけた髪を持ち上げて、まわしやすい方向へねじるよ。

4 根元をふくらませる

毛束をつまみ、おさえている部分を頭皮から離さずに、前方向へ少しスライドさせる。そうすると、根元が立ち上がってふくらむよ。

58

| 1章　基本のアレンジ

5 毛束をピンでとめる

毛束をとめる。アメピンで右側から1本、左側から1本、平行にさしてとめるよ。

> **アドバイス**
> 最後にふくらみを指でつまみ、ちょっとだけくずすとオシャレ感UP！

6 残りの髪をとかしてととのえる

前から見てポンパのふくらみがかわいくできていたらOK。残りの髪をコームでととのえようね。

できあがり

ぶきっちょさんには！

かんたんポンパ

1〜2までは同じ。小さなゴムで毛束をゆるめに結び、その結び目を頭につけて前へスライドさせ、ゴムのところをアメピンでとめるよ。

基本のねじりヘア

ねじる / ふつう ★★

ねじりをマスターして、女の子らしさUP！

用意するもの
ブラシ　ダッカール　アメピン

1 まん中でわけて髪をすくう

髪をよくとかしてまん中わけにし、片方をダッカールでとめる。とめていないほうの、まん中から3cm幅くらいの髪を指ですくうよ。

2 髪をねじる

すくった髪を後ろに向かってぐるぐるとねじろう。

1章　基本のアレンジ

キラかわポイント

ちょっとむずかしいけれどアメピンを毛束の流れに沿って下から上にさすことで、くずれにくくなるよ。また、ピンを完全にかくすとオシャレ度もUP！

3 ピンをとめる

ねじり終わりを後頭部にもっていき、片手でおさえながらアメピンを下からたてにさしてとめよう。ダッカールを外し、反対側も同じようにねじった髪を作ってとめよう。

できあがり

ぶきっちょさんには！

かんたんピン2本どめ

1〜2までは同じ。ねじり終わりに、2本のアメピンを横にさしてね。そのとき、1本は右から、もう1本は左からさそう。さらに2本のピンがかくれるサイズのアクセをつけてね。サイドの髪を耳にかけてもかわいいよ。

逆毛の立て方

コームや指を使って、髪にボリュームを出すテクだよ！

コームを使う逆毛

 かんたん ★☆☆

1 毛束を持ち上げる

逆毛を立てたい毛束をきき手と反対の指先で軽くつまんで、まっすぐ持ち上げる。きき手にコームを持つよ。

2 コームを毛先から根元に動かす

コームを毛束の後ろ側からあてて、上から下へ細かく髪をしごくように動かす。少しずつ動かすのがポイントだよ。

ボリュームアップ！

できあがり

1章　基本のアレンジ

指を使う逆毛

かんたん
★☆☆

毛束をくずす

逆毛を立てたい毛束の毛先をきき手と反対の指先で軽くつまむ。きき手の人さし指と、親指を使って髪を少しずつつまんで、毛先から根元に向けてしごくように手を動かす。

ふんわり
おだんごに！

できあがり

毛先をくずす

出したいボリューム感になるまで、人さし指と親指で逆毛を立てる。毛束をふわっとさせることで華やかさや元気な感じが出てかわいいよ。

毛先が
ふんわり！

できあがり

63

かくす 結び目を髪でかくす

ふつう ★★☆

ゴムを髪でかくすとグンとオシャレに！

1 片側に髪をまとめる

ブラシで髪をよくとかし、片側の高い位置で髪をひとつにまとめてゴムで結ぶ。

用意するもの

ブラシ　コーム　ヘアゴム　アメピン

2 結び目をしっかり固定する

毛束をふたつにわけて左右に引っぱり、ゴムの位置が根元にくるようにしてね。

3 ゴムをかくす髪をとる

結んだ毛束から少しだけとりわけよう。

キラかわポイント

とりわけた髪をコームでとかすと、ゴムに髪をまきつけたとき、よりキレイに見えるよ。

ロング　ミディアム

64

1章　基本のアレンジ

4 結び目をかくす

3でとりわけた毛束をゴムの結目部分にグルグルとまきつけていってね。

アドバイス

まきつけるとき、結び目部分から離れていかないように注意してね。

5 ピンでとめる

最後までまきつけたら、アメピンでとめて固定するよ。

できあがり

Arrange　髪をねじってかくす

1～3までは同じ。3でとった髪をねじり、ゴムの結び目部分にまきつけてアメピンでとめよう。きつめにねじったほうが、しあがりがキレイだよ。

ヘアアイロンのあて方

まき髪に欠かせない道具が、ヘアアイロン。かんたんにカールが作れて便利ですが、やけどの心配があるので、必ずおうちの人がお子さんにやってあげてください。

> **ヘアアイロンで髪をまくときの約束！**
> ★手や頭を動かさないでね。
> ★手や頭を動かしたいときには、おうちの人に「動いていい？」と聞いてからにしようね。

フォワードまき（内まき）
ふんわりかわいいイメージだよ！

ふつう ★★☆

まずは準備

タオルの正しいかけ方
首のやけどを防ぐため、フェイスタオルを両肩と首をおおうようにかけてあげてください。首がしっかりかくれているかどうか確認して、前をダッカールなどでとめましょう。

NG タオルのかけ方をいい加減にすると、やけどの危険が。ヘアアイロンは高温になるのでくれぐれも気をつけましょう。

座る姿勢
髪をまいているときに、お子さんが動かなくてすむように前に鏡を置き、背もたれのあるイスに深く座らせ、姿勢がまっすぐになるようにしましょう。

1 まく前の準備
ブラシでよくとかします。髪をブロックわけし、まかない髪はダッカールでとめておきましょう。

NG ぬれたままの髪や、まく前に水を吹きかけるのはNG。形がつきにくくなります。熱による髪のダメージ防止に、また子どもの髪はクセがつきづらいので、市販のカールローションを使うのがオススメ。

66

1章　基本のアレンジ

2 髪を内まきにまく

毛束をとり、ヘアアイロンでまん中あたりをはさみ、顔に向かって内まきに、毛先までくるくるとまきます。

アドバイス
アイロンの先は熱くないので、まくときはそこに手をそえながらまくと安定します。

4 髪全体をまく

ブロックごとに 2〜3 をくり返します。

3 ヘアアイロンを外す

数秒そのままにしてクセをつけ、髪をすべらせるようにヘアアイロンを外していきます。カールがついていたらOK。

できあがり

リバースまき（外まき） ふつう ★★

華やかで大人っぽいイメージだよ！

準備はフォワードまきの工程 1 と同じ。毛束をとり、ヘアアイロンではさんで顔から外側に向かって、フォワードまきとは反対に、外まきにくるくるとまきます。

ミックスまき ふつう ★★

ボリュームが出てカジュアルなイメージに♥

フォワードまきと、リバースまきを合わせたまき方です。両方を交互にくり返しましょう。

おうちの人へのアドバイス
耳に近い髪は、耳のそばまではまかず、お子さんの耳をおさえてあげながら行ってください。

67

あなたにぴったりの タイプ別 ヘアアレ & ファッション

自分にぴったりのヘアアレンジやファッションを知って、もっとかわいくなっちゃお♥
スタートから順に「はい」か「いいえ」で答えていってね。

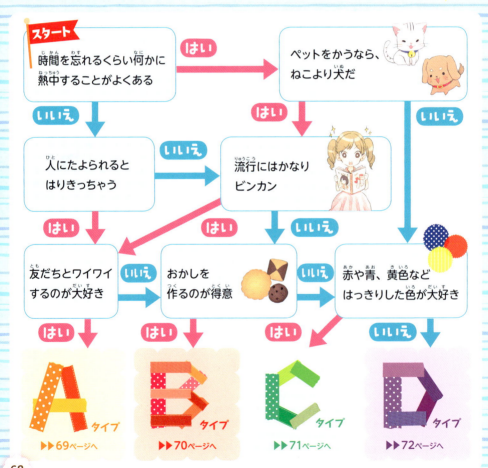

A タイプ

シンプルにかわいく！
カジュアルガーリー♡

のあなたは……

シンプルだけど、さりげないオシャレ心を忘れないあなた。
ほどよい甘さのヘアアレ＆ファッションで、さらにミリョクがUP！

オススメ♡ヘアアレ

ゆるっ！くしゅっ！なアレンジでオシャレ度を出そう！

ふわふわボリュームツイン
▶▶87ページ

ゆるふわくしゅだんご
▶▶93ページ

お花風シュシュヘア
▶▶136ページ

2本ねじりヘア
▶▶146ページ

オススメ♡ファッション

コンビネゾン ・・・・・・・・・・・・・
1枚でキマる、コンビネゾンタイプがオススメ。中に着るトップスを柄ものにしたり、上にパーカーやカーディガンをはおったりして、コーデの幅を広げられるよ★ 足元はスニーカーでカジュアルダウン！

リュック ・・・・・・・・・・・・・
カジュアルコーデに欠かせないのがリュック！小ぶりでかわいらしいものから、スポーティーなものまでタイプはたくさん。色は、黒やネイビーがどんなコーデにも合わせやすいかも。

69

B タイプ

のあなたは……

ゆるふわ120パーセント！
シュガーキュート♡

レースやリボンなど、女の子心をくすぐるファッションが似合うあなた。
男の子も女の子もきゅんとさせちゃおう♡

オススメ♡ヘアアレ

アクセも使って乙女度をパワーアップ♡

リボンヘア
▶▶120ページ

ゆめかわくるりんぱ
▶▶149ページ

みつあみパーマ
▶▶164ページ

みつあみおだんご
▶▶186ページ

オススメ♡ファッション

フリルつきトップス ・・・・・・・・・・・・・・

そでやえりにフリルがついた、甘さ満点のトップスが◎。ハイウエストのパンツやスカートに、トップスをインしてもかわいいよ。生地がやわらかいものやトロンとしたものを選ぶと、ゆるふわ感UP↑

お花モチーフのアクセ ・・・・・・・・・・・・・・

お花モチーフのアクセをつけると、ガーリーさがさらにプラス！　小ぶりのお花がたくさんついたブレスレットや、大きなお花がゆれるイヤリングなど、全身のバランスを見て、どこにどんなものをつけるか考えてね！

Cタイプ

のあなたは……

カラフルで元気いっぱい！
ゴキゲンポップ♡

他の人が思いつかないようなセンスを持っているあなた。
カラフルな色使いのオシャレで、元気いっぱい目立っちゃおう★

オススメ♡ヘアアレ

元気さの中に、かわいさも入ったアレンジがGOOD！

逆りんぱ
▶▶94ページ

前髪ダブルポンパ
▶▶124ページ

トップねじり
▶▶188ページ

カラーゴムアレンジ
▶▶217ページ

オススメ♡ファッション

柄つきスカート ●

オシャレなロゴやハート、星のモチーフがちりばめられたインパクト大のスカートで元気にキメよう★ フレアタイプのものだと女の子らしさがあがるよ。トップスはシンプルなほうがバランス◎。

ハイカットスニーカー ● ● ● ● ● ● ● ● ● ● ● ● ● ●

足元は、カッコよさ＋かわいさがミックスされたハイカットスニーカーがバッチリ。靴ひもの色を変えてオリジナリティを出そう。靴下はライン入りのものがGOOD♥

71

Dタイプ

のあなたは……

上品な甘さがオシャレ！
スウィートエレガント♥

落ち着いていて、キレイめなオシャレが似合うあなた。
しっとりまとめつつ、ちょっぴり甘さもプラスしよう♥

オススメ♥ヘアアレ 清楚でスッキリ感のあるスタイルがぴったりだよ★

ピンどめハーフアップ
▶▶109ページ

サイドあみこみ
▶▶132ページ

カチューシャ風ヘア
▶▶150ページ

ななめあみこみ
▶▶162ページ

オススメ♥ファッション

ワンピース･････････････････････
大人かわいく着れるワンピースがGOOD！ウエストをリボンで結べるタイプなら清楚な感じに。甘くなりすぎないように、ブルー系やミントグリーン系などさわやかな色を選ぼう♪

ショルダーバッグ･･････････････････
小さめショルダーバッグは、全体を上品に見せてくれるすぐれもの。差し色になるような、濃いめの色を選ぶとコーデが引きしまるよ♪ ショルダー部分を外して、クラッチバッグとして使える2wayタイプも◎。

HAIR ARRANGEMENT

月曜日☆気分があがるヘア

週のスタートはツインでアゲて行こっ！

ショート 耳後ろふたつ結び
ゴムを結ぶ位置がポイント！

用意するもの

ブラシ　コーム　ダッカール　ヘアゴム

1 サイドの髪をとりわける
髪をよくとかしてまん中わけにする。次に、耳から前の髪をコームでとりわける。後ろの髪はダッカールでとめるよ。

2 顔の横の髪を残す
1でとりわけた毛束から顔の横の髪を少し残し、残りの髪をコームでとかす。

3 ゴムで結ぶ
耳のななめ後ろで2の毛束をゴムで結ぶ。反対側も同じようにしてね。

NG 結ぶ位置に注意！
結び目が顔に近いと根元が立ち上がって子どもっぽくなるよ。毛束が頭に沿って落ち着くように、とりわけた線の近くで結ぼうね。

○　×

できあがり

2章 毎日かがやく☆スクールヘア

わけ目ギザギザツインテール

ちょっぴり大人風に見えるツイン。

用意するもの
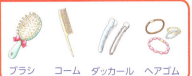
ブラシ　コーム　ダッカール　ヘアゴム

1 髪を後ろにとかす

髪全体をよくとかしてから、コームでトップの髪を後ろ側へとかそう。

2 わけ目をギザギザにする

コームでトップから左右に少しずつわけ、わけ目をギザギザにする。そのとき地肌をなぞるようにわけてね。

3 ゴムで結ぶ

わけた髪の片方をダッカールでとめる。もう片方の髪は、耳のななめ後ろ、やや高めの位置で、ゴムで結ぶ。結んだら毛束をふたつにわけて左右に引っぱり、ゴムの位置が根元にくるようにしてね。反対側も同じようにしよう。

キラかわポイント

結び目のゴムが後ろにくるようにしてね。前から見てツインっぽくないのが正解！

できあがり

77

HAIR ARRANGEMENT

火曜日（かようび）★ ノリノリヘア

思わず歌い出したくなっちゃうみつあみアレンジ♪

ショート ✂ みつあみ後ろピンどめ ふつう ★★

ヘアゴムを使わないみつあみヘア！

用意するもの

コーム　ダッカール　アメピン

1 まん中でわけて髪をすくう

コームで髪全体をよくとかし、まん中わけにする。まん中から3㎝幅で髪をすくい、残った髪はダッカールでとめよう。

アドバイス
最初に髪をていねいにとかしておくと、アレンジがしやすいよ。後ろの髪も根元からとかそう。

2 みつあみにする

すくった髪をみつあみにする。そのとき、ななめ後ろ方向に向かってあんでいってね。

3 みつあみをクロスどめする

下のほうまであんだら、みつあみが頭に沿ってななめになるように後頭部に持っていき、あみ終わりをアメピンでクロスにとめる。

4 反対側もみつあみを作ってとめる

反対側も同じようにしてとめてね。

できあがり

2章 毎日かがやく☆スクールヘア

サイド高めみつあみ
毛先を残して動きを出そう♪

ミディアム ロング
ふつう ★★

用意するもの

ブラシ　ヘアゴム

1 髪をとかす

髪をよくとかす。とかす順番は毛先→まん中→トップだよ。

2 髪を高めの位置で結ぶ

髪全体を片側の高い位置に寄せ集めて、ゴムで結ぶ。

ロング
ミディアム

3 みつあみにする

毛束を3つにわけてみつあみにし、毛先を多めに残してゴムで結ぶよ。

キャラかわポイント

みつあみは下まであまずに、毛先を多く残すとかわいいよ。

できあがり

HAIR ARRANGEMENT

79

HAIR ARRANGEMENT
水曜日★放課後チェンジヘア

放課後に気分をガラリと変えて楽しもう！

✄ ショート お姉さんアシメアレンジ ★☆☆ かんたん

わけ目をチェンジ！

用意するもの
コーム　ヘアスプレー

1 髪をわける
コームの柄の先を使って、髪をざっくりと8対2にわけるよ。

2 わけ目をジグザクにする
少ないほうから、位置をずらして2～3か所から少し髪をつまみ、反対側へ持っていく。そうすると、わけ目がジグザグになるよ。

キラかわポイント
わけ目をジグザグにすることで、トップにボリュームが出るよ。わけ方の左右が極端なほどオシャレに！

ショート

3 片側にスプレーをかける
多いほうの髪を手でクシュッとつかみ、軽くヘアスプレーをかけて動きを出すよ。

4 髪を耳にかける
少ないほうの髪は耳にかけて、タイトにしあげよう。

できあがり

80

2章 毎日かがやく☆スクールヘア

ゆるっとひとつ結び
ミディアム　ロング
ひとつ結びもオシャレにチェンジ！

かんたん ★☆☆

用意するもの

ブラシ　ヘアゴム　ヘアスプレー

ロング　ミディアム

1 ひとつ結びにする
髪をとかしてから、サイドの髪を少し残して後ろでまとめ、ゴムで結ぶよ。

2 サイドの髪を指でまく
残したサイドの髪を手の指先にくるくるとまきつけてね。

NG スプレーが顔にかからないように気をつけよう。また、スプレーのかけすぎにも注意してね。

3 スプレーをかける
まき終わったら軽くヘアスプレーをかける。まいたまま10秒間キープしたら、そっと指を外すよ。反対側も同じようにしてね。

4 後頭部にボリュームを出す
結び目のゴムを片手でおさえながら、もう片方の手の指で後頭部の髪をつまみ、ところどころ引っぱってボリュームを出そう。

NG 耳の上に髪がかかると、つかれた雰囲気になってしまうから気をつけてね。

できあがり

81

HAIR ARRANGEMENT
木曜日★授業参観ヘア

ハーフアップで清楚にスッキリ!

ショート ねじりハーフアップ風
髪をのばしかけの子にもオススメ。

用意するもの

ブラシ　アメピン

1 トップの髪を集める
髪にわけ目をつけず、ブラシで後ろにとかす。とかしたら、トップの髪を手ですくい、手ぐしでざっくりと集めるよ。

2 ねじってとめる
きき手で1の毛束を一度ねじり、後頭部にあてる。手を持ちかえて、きき手でアメピンを下からたてにとめるよ。ピンが見えないように、P.61の3のようにとめてね。

3 両サイドの髪をねじってピンでとめる
両サイドの髪もざっくりと集め、ねじって後ろへ持っていき、アメピンでとめる。ここでは、ピンを下からななめ上方向へさすよ。反対側も同じようにする。

NG 髪をねじらず、ピンを上から下向きにさすと、髪がバラバラと落ちてくるよ。向きをまちがえないようにしよう。

できあがり

2章 毎日かがやく☆スクールヘア

ミディアム　ロング

サイド結びハーフアップ

顔まわりスッキリお嬢様風ヘア。

ふつう ★★

用意するもの

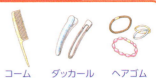

コーム　ダッカール　ヘアゴム

1 髪を とりわける

コームで髪をよくとかし、トップから耳の後ろまでのサイドの髪をとりわけよう。残りの髪はダッカールでとめてね。

キラかわポイント

結ぶ位置が低くなるとかわいさ半減。高い位置で結ぶように意識しよう！

ロング　ミディアム

2 髪を結ぶ

とりわけた髪をもう一度とかし、耳上の高い位置でまとめてゴムで結ぶ。反対側も同じようにしてね。

3 左右の毛束を 合わせて結ぶ

左右の結んだ毛束を後頭部へ持っていき、少し下で合わせてゴムで結ぶよ。

4 コームで とかす

ダッカールを外し、後ろの髪と毛束がなじむようにキレイにとかしてね。

 できあがり

83

金曜日★
とびきりガーリーヘア

週の終わりは手ぐしでおだんごに。

ショート

ちびだんご
ラフにざっくり作る3つのおだんご。

ふつう ★★

用意するもの

ヘアゴム

1 後ろの髪を3つにわける
後ろの髪を、手ぐしでざっくりと3つにわける。3つの毛束の分量が大体同じになるようにしよう。

キラかわポイント
わけ目をはっきりさせすぎないのがポイントだよ。

2 まん中をおだんごにする
まん中をゴムで結び、最後のひとまきのとき、毛束を通しきらないで毛先を残しておだんご状にする。おくれ毛は気にしなくてOK。

ショート

3 左右にもおだんごを作る
左右も同じようにゴムで結び、おだんごを作ろう。

アドバイス
左右のおだんごは、まん中のおだんごに寄せて、あまり離れないようにしてね。3つのおだんごの距離が近いほうがオシャレにまとまるよ。

できあがり

84

手ぐしおだんご
手ぐしとねじりで完成！

2章 毎日かがやく☆スクールヘア

用意するもの

ワックス　ヘアゴム　アメピン　好みのヘアアクセ

アドバイス
最初に、指先に少しだけワックスをなじませておくと髪をまとめやすいよ。

1 髪を片側にまとめる
手ぐしで髪を片側にまとめ、耳後ろの下のほうでゴムで結ぶよ。

2 毛束をねじってまきつける
毛束をつかみ、手首を返すように髪をねじりながら結び目のゴムにまきつける。下から上に向かってまきつけてね。

ロング　ミディアム

3 ピンでとめる
まきつけた毛先は中に入れこまず、少し残してたらすようにし、まきつけた部分をアメピンで数か所とめて固定するよ。

できあがり

HAIR ARR

朝寝坊しても大丈夫！
5分アレンジ①

朝は時間がないけれど、オシャレは欠かせない。
そんな女子のための早ワザだよ！

ショート 耳かけクロスヘア
手ぐしとアメピンで完成！

かんたん ★☆☆

用意するもの
アメピン
または
カラーピン

できあがり

1 手ぐしでととのえ 横の髪を耳にかける
手ぐしで髪をととのえて、耳より前のサイドの髪を残して、横の髪は両耳にかける。

2 アメピンを クロスにとめる
両側の耳の後ろを、アメピンでクロスどめにする。

ミディアム ぷちっとサイドおだんご
まとめてくるんとゴムにかけるだけ！

かんたん ★☆☆

用意するもの

ヘアゴム

1 手ぐしで髪を かき集める
片手にゴムを通しておき、手ぐしで髪を片側へかき集めて、まとめるよ。

> 2章 毎日かがやく☆スクールヘア

ふわふわボリュームツイン
ロング
寝グセを逆利用しちゃお♥

かんたん ★★☆

用意するもの

ブラシ　ヘアゴム　ワックス

1 後ろをふたつにわける

ざっと髪をとかして、指1本で後ろの髪をセンターでふたつにわける。

アドバイス
毛先がパサついて見えないように、ちょっとだけワックスをつけていこうね！

2 ラフなふたつ結びにする

耳よりも少し高い位置でP.38「ふたつ結び」をして、結んだ毛束の毛先に指でざっくりと逆毛を立てる。

できあがり

2 ゴムで結びおだんごを作る

ゴムで結び、最後のひとまきのとき、髪を通しきらないで毛先を残すよ。

できあがり

87

朝寝坊しても大丈夫！
5分アレンジ②

学校に着いてからでも、さっとかわいくできちゃう♥

ショート ショートちょんまげ
前髪が短くてもできる！

用意するもの

ブラシ　コーム　ヘアゴム

1 前髪部分をとりわける
髪をとかし、前髪を目の黒目と黒目の幅でとる。P.58「基本のポンパ」のときと同じ幅だよ。

2 ゴムで結ぶ
コームでとりわけた毛束をとかし、小さなゴムで結ぶ。毛束を左右にわけて引っぱりながら広げて、ちょんまげ風にしてね。

できあがり

ミディアム 両サイドちょいねじり
ちょこんと作るのがコツ！

用意するもの

ブラシ　コーム　アメピンまたはカラーピン

1 サイドの髪をとりわける
髪をとかして、サイドの髪を少しだけとりわける。

2章 毎日かがやく☆スクールヘア

片サイドみつあみ
笑 ロング
立体的なみつあみがポイント！

かんたん ★☆☆

用意するもの

ブラシ　コーム　ヘアゴム

1 髪を少しとり みつあみにする

7対3くらいで髪をわけ、多いほうの髪の上部の毛を少しとり、指で3つにわけてみつあみにするよ。

2 みつあみを指で広げる

最後まであんだら、終わりを小さなゴムで結ぶ。あみ目を少しつまんで広げるよ。

アドバイス
みつあみを適度にゆるめて、ポコッとさせるのがポイント。立体的に見えるとかわいいよ。

できあがり

2 髪をねじってとめる

手のひらを返すようにして、外側へ毛束をねじるよ。そのまま地肌につけてアメピンでとめる。とめたすぐ下の髪もすくってねじり、同じようにとめる。

3 反対側もとめる

反対側も同じようにして、2か所にねじりを作ってとめる。

できあがり

89

友うけバツグン☆ヘア⑪
フィッシュボーン

むずかしい ★★★

むずかしそうに見えるけれど、覚えたらかんたん！

ロング　ミディアム

1 髪をとかしてふたつにわける

P.38「ふたつ結び」の **1～2** と同じように髪をふたつにわけよう。結ばないほうの髪はダッカールでとめてね。

用意するもの

ブラシ　コーム　ダッカール　ヘアゴム

💡アドバイス

外側からとりわける髪の量が少ないほど、細かなあみ目になり、逆に多いとあみ目が太くなるよ。あみ目の細かいほうが、フィッシュボーンらしさが出るよ。

2 毛束をふたつにわける

ダッカールでとめていないほうの毛束を均等にふたつにわける。

3 外側から髪を少しとる

Ⓐの毛束の外側から、少しだけ髪をとりわけるよ（Ⓒ）。

2章 毎日かがやく☆スクールヘア

5 もう片方から髪を少量とる

今度はBの毛束の外側から、3と同じくらい髪をとりわける（D）。

4 となりの毛束と合わせる

Cをまん中へ移動させ、Bの毛束といっしょにする。

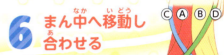

6 まん中へ移動し合わせる

Dをまん中へ移動させ、Aの毛束といっしょにするよ。

7 あみ終わりをゴムで結ぶ

3〜6をくり返して下まであみ、あみ終わりを小さなゴムで結ぶ。ダッカールを外し、反対側も同じようにしてね。

8 あみ目をくずす

あみ目の外側を指先で少しずつ引き出して、くずす。片方の手で、引き出す下の髪をおさえてね。上のあみ目から順にくずしていこう。

できあがり

91

友うけバツグン☆ヘア② ラブリーまきこみ前髪

HAIR ARRANGEMENT

かんたん ★☆☆

のびかけ前髪もかわいくアレンジ！

| ロング | ミディアム | ショート |

用意するもの
ブラシ　コーム　ヘアクリップ

1 横わけにする
髪をとかし、8対2の横わけにする。多いほうの前髪はななめ下方向へとかしてね。

NG 前髪を押しこみすぎて、おでこがたくさん出ちゃうとかわいさ半減だよ。

2 前髪にカーブをつける
ななめ下にとかした髪をそのままの形にして、指先で流れている前髪の毛先を内側へ少しずつ入れこんでいくよ。

3 アクセでとめてゆるませる
こめかみのあたりまで入れたら、クリップなどでとめて、そこをおさえながら少しだけ髪をつまんでたるませると、かわいいよ。

できあがり

2章 毎日かがやく☆スクールヘア

友うけバツグン★ヘア③
ゆるふわくしゅだんご

ふつう ★★☆

ボリューミーに作ってね！

用意するもの
ワックス／ブラシ／ヘアゴム／コーム／アメピン／Uピン

ロング　ミディアム

1 結ぶ高さを決める

手のひらに軽くワックスをつけて、根元になじませる。頭を下に向けて手ぐしで髪全体を高い位置でまとめ、ブラシでキレイにしてからゴムで結ぶ。

2 逆毛を立てる

高く結んだ毛束をま上に持ち上げて軽くねじり、コームを後ろからあてて細かく逆毛を立てる。

3 おだんごを作る

逆毛をたくさん立てたら、くずさないように毛先のほうを持って結び目のゴムへまきつけていく。まき終わりにアメピンをさして固定するよ。

キラかわポイント

できるだけたくさん、くしゅくしゅと逆毛をいっぱい立てるのがポイントだよ！

4 おだんごをととのえる

ふんわりおだんごができたら、毛先が飛び出している部分にUピンをさして、おだんごの中へ入れこむよ。

 おだんごは平べったくなってはダメ。こんもりと丸く作ろう！

できあがり

HAIR ARRANGEMENT

男子モテ♡ヘア⑪
逆りんぱ

ふつう ★★

P.42「基本のくるりんぱ」と通し方を変えると華やかに！

用意するもの
ブラシ　コーム　ヘアゴム　ワックス

1 ポニーテールにする

P.36「ポニーテール」の1～4までと同じようにしよう。

NG ポニーテールの位置が高すぎると、あとで毛先を広げにくくなってしまうよ。

ロング
ミディアム

2 穴から毛束を引き上げる

結んだゴムを根元から少しずらし、ゴムの上に親指と人さし指で穴をあけ、毛束をつかんで穴に通しながら引き上げよう。

3 毛束を広げる

引き上げた毛束をふたつにわけ、左右に引っぱって毛束を広げる。髪が全体に広がるようにしよう。

できあがり

94

男子モテ♥ヘア②
大人かわいいおだんごヘア

バックスタイルに男子の視線がくぎづけ！

2章 毎日かがやく☆スクールヘア

ロング / ミディアム

用意するもの

ブラシ／ヘアゴム／アメピン／好みのヘアアクセ

1 髪を後ろで結ぶ

髪をよくとかし、サイドとえりあしの髪を少し残して後ろでまとめ、ゴムで結ぶ。

キラかわポイント

サイドとえりあしの残す髪は、ほどよい分量で。多すぎず、少なすぎずが好感度UPのポイントだよ。

2 みつあみにする

1の毛束を下のほうまでゆるめのみつあみにして、あみ終わりを小さなゴムで結んでね。

3 みつあみをまきつけてとめる

2を根元のゴムにまきつけておだんごを作る。毛先はおだんごの中へ入れこんで。アメピンを数か所にさして固定させるよ。

できあがり

男子モテ♡ヘア③ 片側バレッタ

片方だけにアクセをつけるのが、モテのポイント！

かんたん ★☆☆

用意するもの

ブラシ　コーム　ヘアゴム　バレッタ

1 髪をとかし、わける

髪をよくとかし、まん中わけにしてね。

2 サイドの髪を結ぶ

サイドの髪を少しだけ残して耳の後ろでとりわける。高めの位置でまとめてゴムで結ぼう。反対側も同じように結ぶよ。

アドバイス
髪をとりわけるとき、いい加減にとりわけるとしあがりがキレイじゃないし、結ぶときに髪が引っぱられて痛くなっちゃうよ。とりわけるときはきっちりしようね。

3 片側にバレッタをつける

片側の結び目のところにバレッタをつけてね。

できあがり

先生うけ◎ヘア① お姉さん風ヘア

2章 毎日かがやく☆スクールヘア

かんたん ★☆☆

片側をスッキリさせてクールにキメよう!

用意するもの

ブラシ　コーム　アメピン

キラかわポイント

わけ目をジグザグに、ちょっと工夫するだけでオシャレ感がUPするよ!

ロング

ミディアム

1 わけ目をジグザグにする

髪をよくとかし、7対3で横わけにする。少ないほうから、位置をずらして2か所の髪を少しだけすくい、反対側へ持っていく。そうすると、わけ目がジグザグになるよ。

2 少ないほうの髪をねじってとめる

少ないほうのサイドの髪を後ろにねじってアメピンで数か所とめてね。耳はしっかり出し、ねじった髪は首に沿ってタイトにまとめ、毛束を反対側に持っていくよ。

アドバイス

うまくできないときは、口ばしクリップでとめるとラクチンだよ。

3 多いほうの髪をよくとかす

多いほうの髪をコームで根元からよくとかそう。ツヤが出るよ。

できあがり

先生うけ◎ヘア② 両サイド裏あみこみ

HAIR ARRANGEMENT

むずかしい ★★★

ガーリーにしつつ、きちんと感もあり！

ロング / ミディアム / ショート

用意するもの

ブラシ　コーム　ダッカール　ヘアゴム

1 サイドの髪をわける

髪をよくとかしてサイドの髪をコームで多めにとりわける。後ろの髪はダッカールでとめて、とりわけた髪をよくとかす。

3 反対側もあみこむ

反対側も同じようにしてあみこむ。鏡で正面から見てゴムの高さが同じ位置にくるようにチェックしてね。

2 サイドの髪をあみこむ

P.54「裏あみこみ」のやり方で、サイドの髪を裏あみこみにする。毛先を多めに残して小さなゴムで結ぶ。

✦ キャラかわポイント ✦
結んだ毛束の毛先と、後ろの髪を、手でくしゅくしゅとしてふんわりさせるとかわいくしあがるよ。

できあがり

98

2章 毎日かがやく☆スクールヘア

先生うけ◎ヘア③
前髪ふんわり外はねヘア

ふつう ★★☆

元気でアクティブな好印象アレンジ！

1 前髪にスプレーをかける

髪をよくとかしてから前髪を片手でくしゅっとつかんで、根元に軽くヘアスプレーをかけよう。全体的にボリュームを出すよ。毛先はふんわりカーブさせて動きを出してね。

用意するもの

ブラシ　ヘアスプレー　ドライヤー

アドバイス

スプレーは前髪の根元にかけてね。かけすぎるとベタついてボリュームが出なくなっちゃうよ。また、吹きかけるときは顔に近づけすぎないようにね。

ショート

2 髪を外はねにする

サイドやえりあしの髪も、片手でつかんでスプレーを今度は毛先にかけて、毛先を外はねにするよ。

3 ドライヤーをあてる

スプレーをかけた部分にドライヤーをあてよう。外はねがキープできるよ。

キャラかわポイント

ロングやミディアムの場合は、同じように前髪をふんわりさせて。雰囲気が変わってやさしい印象になるよ。

できあがり

運動会ヘア

ショート　元気プチツイン
ちょこんと左右に結んで気合い入れよっ！

かんたん ★☆☆

用意するもの

ブラシ　ワックス　ヘアゴム

ロング / ミディアム / ショート

1 毛先にワックスをつける
髪をとかしたら手にワックスをつけてなじませ、毛先をつかむようにして、くしゅくしゅとつける。

2 後ろをふたつに結ぶ
えりあしの、つかめる髪をふたつにわけて小さなゴムで結ぶ。

できあがり

ミディアム　ダブルポニテ
髪の量が多い人にもオススメ！

かんたん ★☆☆

用意するもの

ブラシ　コーム　ダッカール　ヘアゴム

1 髪を上下にわける
P.46「基本のハーフアップ」の 1～2 までは同じ。上下に髪をわけたら上部分をダッカールでとめる。

2章 毎日かがやく☆スクールヘア

ロング キュートうさぎツイン
うさぎっぽく高い位置で！

かんたん ★☆☆

用意するもの
ブラシ コーム ヘアゴム

1 高い位置で結ぶ
髪全体をよくとかし、ふたつにわける。ふたつにわけた髪をできるだけ高い位置で前髪もいっしょに結ぶよ。

2 ゴムを固定させ髪を広げる
結んだ毛束はふたつにわけて左右に引っぱり、ゴムを固定する。さらに根元を両手で広げて、ふわっとさせてね。

キャラかわポイント
前髪が短い人は、ワックスをつけてアクセでとめてもいいよ。

できあがり

アドバイス
えりあしの長さが足りなくても、2ブロックにわけて結ぶことで、ポニテができるスタイルだよ。太めのゴムを使おうね。

2 上下の髪を結び毛束をふたつ作る
下部分の髪をとかして、後頭部のなるべく高い位置でまとめ、ゴムで結ぶ。上部分も同じようにして高く結び、両方の毛束は手で広げてふわっとさせてね。

できあがり

水泳後のアレンジ

水泳のすぐあとのアレンジと、かわいたあとのアレンジを紹介するよ。

ショート
くるりんどめ&ゆるふわカール
ふつう ★★

前髪にエアリー感を出そう。

用意するもの

コーム　アメピン

1 毛先を丸める

髪をよくとかして、ざっくりと7対3の横わけにする。多いほうのフロントからトップの髪を1cmくらいずつつまみ、毛先をくるんと丸める。その形をキープするようにアメピンでとめる。

アドバイス

丸めるとき、うずまきのようにカールさせないようにしてね。できあがりの毛先が丸まりすぎてしまうよ。

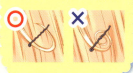

○　×

2 同じように4〜5か所とめる

同じように4〜5か所をくるんと丸め、アメピンでとめる。位置はわけ目の多いほうだけにしてね。

くるりんどめ できあがり

3 ピンを外してととのえる

髪がかわいたらアメピンを外し、下の髪となじませるように指先で軽くととのえてね。

ゆるふわカール できあがり

2章　毎日かがやく☆スクールヘア

きっちりツインみつあみ&ふわふわパーマ風
水泳後のぬれた髪をうまく利用しよう。

用意するもの

コーム　ヘアゴム　ダッカール（なくてもOK）

ロング　ミディアム

1 ふたつ結びにする
ぬれた髪をコームでよくとかし、P.38「ふたつ結び」の 1〜4 までと同じようにしてね。ゴムで結ぶ位置は高めのほうがかわいいよ。

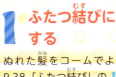

アドバイス
髪がぬれているとからまりやすいから、よくとかそうね。みつあみのしあがりがキレイになるよ。

2 毛束をコームでとかす
1の両方の毛束をもう一度コームでよくとかすよ。

3 みつあみにする
両方の毛束を根元からきつめのみつあみにして、あみ終わりを小さなゴムで結ぼう。

きっちりツインみつあみ
できあがり

4 ゴムを外して髪を広げる
髪がかわいたら、下のゴムを外して両方のみつあみを手ぐしでふわふわに広げるよ。

ふわふわパーマ風
できあがり

103

HAIR ARRANGEMENT

クラブ（文化系）ヘア
ポニーふたつわけ

ふつう ★★☆

逆毛を立ててふんわりしあげしよう。

ロング
ミディアム

用意するもの

ブラシ　コーム　ワックス　ヘアゴム　ダッカール　アメピン

1 ポニーテールにする

P.36「ポニーテール」にする。
結ぶ位置は少し低くてもOK。

:::アドバイス:::
エレガントにしたいときは低めに、キュートにしたいときは高い位置で結んでね。

2 毛束をふたつにわける

結んだ毛束を手でざっくりふたつにわけて、片方をダッカールでとめる。

2章　毎日かがやく☆スクールヘア

3 毛束をねじってとめる

ダッカールでとめていないほうの毛束をねじって、ねじった部分と根元の髪をいっしょにアメピンでとめよう。

4 反対側の毛束もねじってとめる

反対側も同じようにしてとめてね。

5 逆毛を立てる

コームを使って逆毛を立てる。たれている毛先の下から上に向かってコームを細かく動かして、髪のボリュームを出すよ。

キラかわポイント

毛束をふたつにわけているので、まん中があかないように立てた逆毛でうめようね。

できあがり

105

クラブ(スポーツ系)ヘア
あみこみひとつ結び

あみこみで元気いっぱい！

むずかしい ★★★

1 髪をまん中から ふたつにわける

P.38「ふたつ結び」の **1**～**2** までと同じように髪をふたつにわけよう。ダッカールでとめていないほうを根元からブラシでよくとかすよ。

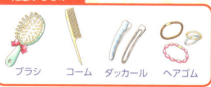
用意するもの
ブラシ　コーム　ダッカール　ヘアゴム

2 表あみこみをする

P.52「表あみこみ」をする。

106

2章 毎日かがやく☆スクールヘア

3 あみ終わりをゴムで結ぶ

表あみをあみすすめてすくう下の毛がなくなったら、表面の長い髪を最後までみつあみにする。下を小さなゴムで結んでね。

アドバイス
うまくできなかったら、おうちの人にやってもらおう。運動するときにくずれないようにしっかりあみこむよ。

4 反対側もあみこむ

反対側も同じように表あみこみをする。ダッカールを外して、髪をとかすところからはじめてね。

5 後ろでひとつに結ぶ

両方できたら、たれているみつあみ部分を後ろでひとつにして、小さなゴムで結ぶ。

できあがり

107

HAIR ARRANGEMENT

学習発表会ヘア
みつあみまきツイン

ふつう ★★

細みつあみがとびきりかわいい♡

用意するもの
 ブラシ コーム ダッカール
 ヘアゴム アメピン

ロング
ミディアム

1 ふたつ結びをして毛束から髪をとる

P.38「ふたつ結び」にする。片方の結んだ毛束の内側から髪を少しだけとり、その毛束を3つにわけるよ。

2 みつあみをして下を結ぶ

3つにわけた髪をきつめにみつあみにする。あみ終わりを小さなゴムで結ぶよ。

3 ゴムをみつあみでかくす

結び目のゴムをかくすように、みつあみをぐるっとまきつける。まき終わりを後ろのほうへ入れこみ、アメピンをさして固定する。反対側も同じようにしてね。

できあがり

108

委員会ヘア
ピンどめハーフアップ

ふつう ★★

王道ハーフアップのピンどめ版★

1 上下に髪をわける

P.46「基本のハーフアップ」1〜4のように髪を上下にわけて上部分を集める。ダッカールは使わなくてもいいよ。

用意するもの

ブラシ　コーム　アメピン

ロング

ミディアム

アドバイス

手に持っている毛束を地肌から離さないようにねじると、キレイにまとまるよ。

2 毛束をねじる

片手で根元をしっかり持つ。もう片方の手で毛束をにぎって、手を返すようにしてねじる。

3 アメピンでカールを固定する

ねじりこんだところをアメピンでとめる。1本はねじった根元に右から、もう1本は左からとめて固定してね。

できあがり

109

HAIR ARRANGEMENT

社会科見学ヘア
オシャレななめ結び

ふつう ★★

きちんと感を出してクールにキメよう。

用意するもの
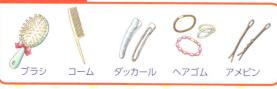
ブラシ　コーム　ダッカール　ヘアゴム　アメピン

ロング
ミディアム

1 髪をとかしてわける

ブラシで髪をとかし、コームで8対2の横わけにする。少ないほうのサイドの髪をトップから耳の後ろ側までとりわけ、ダッカールでとめておこう。

✦ キラかわ ポイント ✦

清潔感を出して、きちんと見せるにはブラッシングが大事だよ。ブラシとコームを使いわけてね。

2 多いほうの髪を結ぶ

ダッカールでとめていないほうの髪を片側の耳の下あたりでまとめ、ゴムで結ぶよ。

2章 毎日かがやく☆スクールヘア

3 髪をよくとかす
残った髪を結んだ髪のほうへ向かってよくとかす。

4 髪をねじって片側へまとめる
とかした髪を結んだ髪のほうへ持っていきながらねじろう。

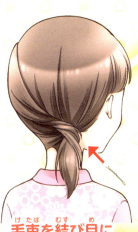

5 毛束を結び目に重ねる
ねじった毛束で結び目をかくすようにして重ね、アメピンでとめてね。アメピンをなめからさすと、とまりやすいよ。

できあがり

111

HAIR ARRANGEMENT

始業式ヘア
あみこみ結びヘア

むずかしい ★★★

サイドあみこみをきちんとすることで、まじめ度UP↑

用意するもの

ブラシ　コーム　ヘアゴム　ダッカール

- ロング
- ミディアム
- ショート

1 髪をよくとかす
ブラシで全体をよくとかす。

2 髪をコームでわける
コームの先でまん中でわけてから、次にトップから耳の後ろまで、線を入れるようにしてサイドの髪をわけるよ。

3 表あみこみをする
サイドの髪をP.52「表あみこみ」のやり方であみこむ。最後まできつめにあみこみ、あみ終わりをゴムで結ぶよ。

2章 毎日かがやく☆スクールヘア

4 2本のあみこみを結ぶ

反対側も同じようにしてあみこむ。あみこみ以外の髪は上にダッカールでまとめる。2本のあみこんだ毛先を後ろへまわして、毛先同士をえりあしのあたりで合わせて結ぶよ。

♦ キラかわ ♦
ポイント

あみこんだ髪の長さが、後ろまでとどかない人は、首筋あたりのところでアメピンでとめよう。

できあがり

5 ととのえる

後ろの髪をブラシできれいにとかしてととのえるよ。

113

卒業式ヘア
みつあみアップヘア

ふつう ★★☆

カチューシャみたいに華やかに！

ロング / ミディアム

用意するもの
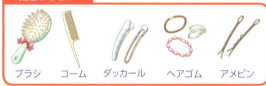
ブラシ　コーム　ダッカール　ヘアゴム　アメピン

1 ふたつ結びにする
P.38「ふたつ結び」1〜4までと同じ。結ぶ位置は耳の少し上で、左右、両方を同じ位置にして、ゴムで結ぶよ。

3 みつあみの下を結ぶ
毛先ぎりぎりまで、みつあみをしたら下を小さなゴムで結ぶ。反対側の毛束も同じようにみつあみをして結ぶよ。

アドバイス
髪が細い人、量が少なくてみつあみのボリュームが出ない人は、ゆるめにあんでね。

2 髪を3つにわけてみつあみにする
わけた毛束を3つにわけ、根元からみつあみをする。

2章　毎日かがやく☆スクールヘア

4 みつあみを頭の上でクロスさせる

両方のみつあみを頭の上に持っていき、まん中で交差させ、カチューシャをつける位置にするよ。

5 毛先をみつあみに入れこむ

みつあみを交差させたら、最後の毛先を反対側のみつあみの根元に入れこむ。左右を入れたら、アメピンをさして固定してね。

キラかわポイント

鏡で前から見て、みつあみのカチューシャをつけているように見えると、かわいいよ。

できあがり

えりの形別！テッパン★ヘアアレ

トップスのえりの形別に、かわいさがさらにUPするテッパンのヘアアレンジを紹介するよ♪

ラウンドネック

シンプルになりがちなので、一手間加えたヘアアレンジで差をつけちゃおう♥

\テッパン★ヘアアレ/

ねじりまとめツイン
▶▶228ページ

他にもオススメ！

モテこみシュシュ
▶▶148ページ

Vネック

大人っぽく見えるので、ヘアもちょっとお姉さんっぽいアレンジがGOOD★

\テッパン★ヘアアレ/

耳かけ内まきヘア
▶▶130ページ

他にもオススメ！

お姉さんアシメアレンジ
▶▶80ページ

えりつき

かっちりして見えるので、ヘアもカジュアルすぎず、おめかししたものが◎。

\テッパン★ヘアアレ/

ねじりハーフアップ
▶▶158ページ

他にもオススメ！

みつあみアップヘア
▶▶114ページ

タートルネック

首から肩にかけてスッキリ見せるアレンジだと、オシャレ度がグンとUPするよ♪

\テッパン★ヘアアレ/

サイドポニーバレッタ
▶▶225ページ

他にもオススメ！

ぷちっとサイドおだんご
▶▶86ページ

3章

おでかけ&イベントヘア

友だちとおでかけヘア⑪〜ショッピング〜
リボンヘア

友だちと色違いのリボンで乙女チックに。

用意するもの
- ブラシ
- コーム
- ダッカール
- ヘアゴム
- リボン2色×各2本（幅約4mm・長さ約30cm）

1 結ぶ髪をとりわける
髪をよくとかしてまん中でわけ、コームでサイドの髪をとりわける。残りの髪はダッカールでとめてね。

2 サイドをふたつにわけて上を結ぶ
片サイドの髪を同じ分量になるように上下ふたつにわける。下の髪はダッカールでとめてね。次に上の髪をコームでとかし、高い位置に小さなゴムで結ぶよ。反対側も同じようにしよう。

3章　おでかけ＆イベントヘア

3 下の髪と合わせて結ぶ

結んだ毛束と下の髪を合わせてまとめ、耳のななめ上で小さなゴムで結ぶ。反対側も同じようにしてね。

キャラかわポイント

太いリボンにするとお嬢様風になりすぎてしまうよ。ふだん使いには、細いリボンが合うよ。

4 リボンをつける

両サイドの結び目の上に、リボンを結ぶ。上と下でリボンの色を変えよう。

できあがり

友だちとおでかけヘア②〜図書館〜

サイドおだんごヘア

ふつう ★★☆

ふたりでワンセットになるおだんごアレンジ！

用意するもの
- ブラシ
- ヘアゴム
- ワックス
- アメピン
- Uピン
- 好みのヘアアクセ

ロング
ミディアム

1 片側へ髪を集める

よくとかした髪全体を、片側へ集めてゴムで結ぶ。友だちと左右どちらに集めるか相談しておこうね。

キラかわポイント

髪を結ぶ位置が大切。耳より少し前の位置で結ぶとオシャレに見えるよ。

2 逆毛を立てる

毛束にワックスをなじませ、結んだ毛束を親指と人さし指で少しずつつまみながら、逆毛を立てる。

122

3章 おでかけ&イベントヘア

3 横でおだんごを作る

立てた逆毛をつぶさないようにして、毛束を結び目のゴムにゆるめにまきつけ、おだんご状にする。

4 ピンで固定しアクセを飾る

おだんごにアメピンやUピンをさしてとめ、固定する。最後に友だちとおそろいのヘアアクセを飾ろう。

できあがり

友だちとおでかけヘア③ ～遊園地～
前髪ダブルポンパ

★☆☆ かんたん

アクセがポイントのおそろいアレンジ！

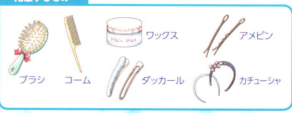

用意するもの
ブラシ／コーム／ワックス／ダッカール／アメピン／カチューシャ

ロング／ミディアム／ショート

1 前髪をふたつにわけてねじる

P.58「基本のポンパ」の 1 ～ 2 までは同じ。それからとりわけた髪をふたつにわけて、片方はダッカールでとめ、もう片方を頭の中心に向かってねじり、アメピンでとめるよ。

2 反対側もねじる

わけた残りの髪も同様に頭の中心に向かってねじり、ふたつめのポンパを作ろう。

アドバイス
きつくねじりすぎると小さくまとまって、ポンパっぽくならないよ。ゆるめにねじってね。

3章 おでかけ&イベントヘア

3 ポンパをつまんで引き出す

アメピンをおさえながら、フェイスラインの髪を指先でところどころつまんで引き出し、ふんわりさせるよ。

4 カチューシャをつける

ポンパをくずさないようにして、カチューシャをつけよう。

できあがり

友だちとおでかけヘア④〜公園〜

キャンディヘア

それぞれの個性をいかしたアレンジがオススメ！

用意するもの

ブラシ　コーム　ヘアゴム　アクセつき ゴム

ロング / ミディアム

2 アクセつきゴムをつける

結び目のゴムの上にアクセつきゴムをつける。アクセつきゴムのつけ方は P.216 を見てね。

1 片側へ髪を集めて結ぶ

髪をよくとかし、全体を片側に集め、ゴムで結ぶ。友だちと左右どちらにするか、高さを上にするか下にするかを相談しておこうね。

キラかわポイント

結ぶ位置が高い人は、トップのサイド寄りに。低い人は耳の下で結ぶよ。ふたりでならんだときに高さの差が出るようにしてね。

126

3章 おでかけ&イベントヘア

3 数か所を アクセつきゴムで結ぶ

毛束の長さに応じて数か所、同じ間隔でアクセつきゴムをつけよう。毛先は少し残すよ。

4 毛束を ふくらませる

結び目のゴムを片手で持っておさえながら、反対の手でゴムとゴムの間の髪を指でつまんでふくらませるよ。上から下へ向かって順番にふくらませてね。

できあがり

127

友だちとおでかけヘア⑤〜放課後〜
ねこ耳くるりんぱ

ふつう ★★☆

授業が終わったら、ふたりでねこ耳ヘアに変身！
にゃ〜んとキュートなアレンジ★

用意するもの
ブラシ　コーム　ヘアゴム　好みのヘアアクセ

1 トップの髪をすくう
髪全体をよくとかしてまん中わけにしてね。次にトップに、コームで一辺が5cmの三角形を作るようにして髪をすくいとるよ。

2 ゴムで結ぶ
1の毛束をゴムで結ぶ。根元から少しずらして結んでね。反対側も同じようにしよう。

3 毛束をくるりんぱする
P.43「基本のくるりんぱ」の4〜5と同じように結んだゴムの上に穴をあけて内側から親指と人さし指を入れ、毛束をくるんと穴に通すよ。反対側も同じようにする。

3章　おでかけ&イベントヘア

4 ねこ耳を作る

片手で結び目を軽くおさえ、結び目よりも上のトップの髪を、反対側の片手の親指と人さし指でつまんで引き出す。髪をふくらませて、左右にねこ耳の形を作ろう。

アドバイス

上手にねこ耳を作るコツは、結び目を必ずおさえること。そして鏡でバランスを見ながら、少しずつ髪をつまむようにして引き出してね。

できあがり

129

カレとおでかけヘア⑪〜ショッピング〜
耳かけ内まきヘア

ソフトな内まきスタイルでラブリーに。

用意するもの

- ブラシ
- コーム
- マジックカーラー（直径約4cm）
- アメピン
- 好みのヘアアクセ

ロング / ミディアム

1 髪をとかしてわける

髪の根元からブラシを入れ、髪全体をキレイにとかして8対2の横わけにしてね。

2 髪をとりわけてとかす

髪をマジックカーラーの幅分とりわけてコームでとかすよ。

130

3章　おでかけ&イベントヘア

3 カーラーでまく

とりわけた毛束の内側にカーラーをあてて、毛先から2回まいたらアメピンで固定するよ。

NG 毛束を高く上げてまくと、きれいな内まきにならないよ。まくときは髪をまっすぐ下におろした状態で、下から上に向かってまこう。

アドバイス
毛先に軽くカールローションをかけてからまき、まき終わったらドライヤーをあてると、よりクセがつきやすくなるよ。

4 髪全体をカーラーでまく

同じようにカーラーの幅分の髪をとりわけ、全体的にカーラーでまいていく。使うカーラーの数は髪の量に合わせてね。

5 カーラーを外してととのえる

クセがつくまで10〜15分間そのままにしてから、カーラーをすべらせるように外し、コームで髪をキレイにととのえよう。

6 髪を片方耳にかける

少なくわけたほうの髪を耳にかける。その耳の上へヘアアクセを飾ろう。

できあがり

131

カレとおでかけヘア②〜図書館〜
サイドあみこみ

むずかしい ★★★

きっちりあみこんで顔まわりスッキリ！

用意するもの

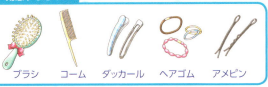

ブラシ　コーム　ダッカール　ヘアゴム　アメピン

ロング／ミディアム／ショート

3 表あみこみにする

サイドの髪をきっちりとP.52「表あみこみ」にする。あみ終わりは小さなゴムで結ぶよ。反対側も同じようにしよう。

1 まん中からわける

髪をとかし、コームの柄の先を使って髪をまん中わけにするよ。前髪もいっしょにわけよう。

2 サイドの髪をわける

耳の後ろで両サイドの髪をとりわけて、後ろの髪はダッカールでとめるよ。

アドバイス
わけた髪はそれぞれコームでしっかりとかしておくのが、キレイにしあげるポイント。

3章　おでかけ&イベントヘア

4 あみこみの毛束をとめる

あんだ髪を耳にかけ、耳後ろでアメピンをさしてとめるよ。反対側の毛束も同じようにとめてね。

5 後ろの髪をととのえる

ダッカールを外したら、後ろの髪をキレイにとかしてととのえよう。

できあがり

カレとおでかけヘア③ 〜遊園地〜
みつあみふたつ折り

ふつう ★★☆

動いてもくずれにくい！

用意するもの

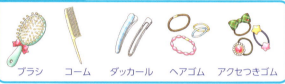

ブラシ　コーム　ダッカール　ヘアゴム　アクセつきゴム

ロング / ミディアム

1 髪をとかしてふたつにわける

P.38「ふたつ結び」の1〜2と同じように髪をふたつにわけよう。結ばないほうの髪はダッカールでとめてね。

◆キラかわポイント◆
みつあみの毛先は少し長めに残すと、このあとふたつ折りにしたときに毛先がはねて、元気でかわいくなるよ。

2 毛束をみつあみにする

ダッカールでとめていないほうの毛束をコームでとかし、みつあみにしてあみ終わりは小さなゴムで結ぶよ。反対側も同じようにしよう。

134

3章 おでかけ&イベントヘア

4 アクセつきゴムで結ぶ

合わせたところをアクセつきゴムで結ぶよ。アクセつきゴムのつけ方はP.216を見てね。

3 みつあみをふたつ折りにする

それぞれのみつあみを外側に向かってふたつ折りにして、あみはじめとゴムの結び目を合わせよう。

5 反対側もふたつ折りにする

反対側のみつあみも、同じようにするよ。

できあがり

135

カレとおでかけヘア④〜公園〜
お花風シュシュヘア

お花をイメージしたシュシュを飾ってね。

用意するもの

ブラシ　ヘアゴム　シュシュ

2 後ろの髪を結ぶ

片手で毛束をつかみ、反対の手の指を広げてつむじ部分がわれないように髪をかき集め、ゴムで結ぶよ。

1 後ろの髪をとる

髪をよくとかし、両手の親指を耳の上にあてる。そこから指を平行に移動させて、後頭部の髪をとりわけてね。

3章　おでかけ&イベントヘア

NG　後頭部がぺちゃんこだと、カッコ悪いスタイルになっちゃうよ。髪をつまみ出して、ラフにくずしてふくらませてね。

3 トップの髪をふくらませる

結び目のゴムを片手でおさえて、ゴムの上部分の髪を反対の手の指先でところどころつまみ出そう。

4 シュシュを飾る

結び目の上にシュシュをつける。お花のイメージで、明るい色のシュシュにしよう。

アドバイス
髪の量に合わせて、シュシュの大きさやボリュームは変えてね。少し大きめがかわいいよ。

できあがり

カレとおでかけヘア⑤ ～放課後～
学校帰りのデートヘア

ショート　ちょいツイン
かんたん ★☆☆
手軽にちょっとだけ手を加えて。

用意するもの
ヘアゴム　アメピン

1 後ろをふたつにわける
えりあし部分の髪を手でざっくりとふたつにわけるよ。

2 ゴムで結ぶ
わけた髪をそれぞれ、えりあしの下で小さなゴムで結んでね。

3 前髪をとめる
前髪を横わけにして、毛先を軽く内側へ入れこみ、ピンでとめよう。

できあがり

ミディアム　トップみつあみ
かんたん ★☆☆
乙女らしさをちょっぴりプラス。

用意するもの
コーム　ヘアゴム

1 トップの髪をとる
トップ部分の髪をラフにとり、コームでとかそう。

2 みつあみにする
とかした髪をみつあみにして、下を小さなゴムで結ぶ。左右どちらかに寄せながらみつあみを作っていこう。

くるりんポニー

ロング ポニーテールで登校したならコレ！

かんたん ★

用意するもの

コーム／ヘアゴム／ワックス（なくてもOK）／アメピン

1 コームで髪をとかす
P.36「ポニーテール」にする。毛束をコームでよくとかそう。

2 毛束の下を結ぶ

毛束の毛先に近いところを小さなゴムで結ぼう。

3 毛束を丸めてとめる

結んだゴムをくるんと内側に入れこんで毛束を丸め、毛先とえりあしの髪をいっしょにアメピンでとめるよ。

アドバイス

結んだゴムの近くにピンをさすと、くずれにくいよ。

できあがり

3 トップにボリュームを出す

結び目のゴムを片手でおさえ、トップを指先で少しだけつまんで引き出すよ。

できあがり

3章 おでかけ&イベントヘア

人見知りでも大丈夫!!
友やカレと仲よくなれる3ステップ!

人と話すのが苦手なあなたでも、だれかと仲よくなりたい気持ちがあればOK。少しずつチャレンジしてみて。

♥ 自分に自信を持とう

自信がないと、人と話していても不安だよね。まずは自信をつけて自分を好きになるところからはじめてみよう!

まずは笑顔の練習から

自然な笑顔を作るために鏡の前で練習してみよう。
① 口角をあげる(「キウイ」と声に出すといいよ)
② 歯を見せて、10秒キープ!

勉強やならいごとに打ちこむ!

一生けんめいな姿って、とってもかがやいて見えるよ。自分が心から楽しめることを見つけてみて。

服装を変えてイメチェン☆

女の子らしい服装を思いきってとり入れてみて!リボンやレースなど、かわいいもので女子度もUP↑

なりたい自分になれるおまじない

理想の自分像を書いた紙を満月の光にひと晩あてて、いつも持ち歩いてみて。いつのまにか理想に近づいているかも。

♥ 聞き上手になろう

話を聞いてもらえるとだれでもうれしくなっちゃうよ。人の話を聞くときの態度に気をくばってみて。

話を聞くときは目を合わせて
目を合わせると相手に興味があることが伝わるから◎。会話に合わせて、ときどき相手の目を見て！

あいづちを打って会話をつなげ！
「それで？」「それから？」を使うと会話が広がるよ。ちゃんと聞いてもらえていると思うから、話もはずむんだ。

会話がはずむ おまじない
ばんそうこうのガーゼ部分にペンで「話」と書いて小指にまこう。楽しく会話できるよ。

♥ きっかけを作ろう

最後は会話のきっかけ作り。人見知りしていたらもったいないよ★

ネタになるアイテムを持ち歩く
プリ帳やキャラクターグッズなどは話題にしやすいよ。だれかのアイテムをネタに話しかけてみるのもオススメ！

ちょこっとお願いをしてみる
「ここ教えて？」「えんぴつかして？」など、かんたんなお願いごとをしてみて。最初のひと言が話せれば、そのあとの会話がスムーズに。

あこがれの子と仲よくなれる おまじない
晴れた日の朝、仲よくなりたい子の笑顔を思い浮かべて30秒間、鏡を見つめてみて。話しかけるチャンスがおとずれるかも。

おでかけヘア①

スーパーロングポニー
実際よりも髪が長く見えるスタイルだよ。

ふつう
★★

用意するもの

ロング

ブラシ

コーム

ヘアアイロン

カールローション

タオル

ダッカール

ヘアゴム

好みのヘアアクセ

NG ミックスまきをしたあと、ブラシで髪をとかさないでね。せっかくのカールがとれちゃうよ。

1 全体をミックスまきにする

P.67「ミックスまき」にするよ。おうちの人にやってもらってね。

2 サイドとえりあしの髪をとりわける

両サイドの髪を少しと左右どちらかのえりあしの髪を多めに残そう。残りの髪はえりあしを残したほうと同じ方向の高い位置に手ぐしで集めるよ。

アドバイス えりあしの髪は多めに残すのがポイントだよ。

3章 おでかけ&イベントヘア

3 ゴムで結ぶ

手ぐしで集めた髪をブラシでまとめ、ゴムで結ぶ。ブラシは毛先まで通さないように気をつけてね。

4 毛束にボリュームを出す

両手の指を開いて毛束にさしこみ、上下に広げて髪にボリュームを出すよ。

5 ヘアアクセを飾る

大きめのヘアアクセを結び目の上につけて、前髪をととのえる。

＊アドバイス＊
高い位置で結んだ毛束と、残したえりあしの髪をうまくなじませて、髪が長く見えるようにするよ。

できあがり

おでかけヘア②

ショート カチューシャ2本使い
2本使いは細いカチューシャで☆

 かんたん ★☆☆

用意するもの

ブラシ　コーム　カチューシャ

1 コームでトップの髪を後ろへとかす

7対3にわけて、サイドの髪を少し残して、耳にかける。コームでトップの髪を後ろへとかすよ。

2 カチューシャをつける

コームでとかしたスタート地点に細いカチューシャをひとつつける。その後ろにずらしてもうひとつつける。

できあがり

ミディアム おだんご片アクセ
高さの違いを楽しんで！

 かんたん ★☆☆

用意するもの

ブラシ　コーム　ダッカール
ヘアゴム　アメピン　好みのヘアアクセ

1 髪をふたつにわけ片方は下でおだんごにする
P.38「ふたつ結び」1〜2までは同じ。サイドの髪を多めに残して、片方は耳の下でまとめて結ぶ。小さめのおだんごにしてアメピンでとめるよ。

144

3章 おでかけ&イベントヘア

ロング サイドポニー
存在感のあるシュシュで元気に！

かんたん ★

用意するもの

ブラシ　ヘアゴム　シュシュ

1 髪をまとめてゴムで結ぶ
下を向き、手ぐしで髪を集める。次にブラシで、頭の中心より少しサイド前寄りでまとめて、ゴムで結ぶ。毛束をふたつにわけて左右に引っぱり、ゴムを固定してね。

2 毛束を広げてアクセをつける
毛束を前に向かって広げて、ボリュームを出すよ。手でしごいて逆毛を立てるようにしてもいいよ。目立つシュシュなどを飾ろう。

できあがり

2 片方はトップでゆるいおだんごにする
反対側の髪をトップの高い横の位置で結ぶ。コームで逆毛を立てて、P.93「ゆるふわくしゅだんご」のようにゆるいおだんごにする。

できあがり

145

おでかけヘア③

ショート 2本ねじりヘア
サイドをタイトにまとめて。

用意するもの
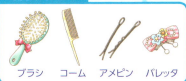
ブラシ　コーム　アメピン　バレッタ

1 髪をわける
髪をとかして8対2にわけ、少ないほうの髪のサイドをコームで上下半分にわける。わけた髪をさらにとかそう。

2 サイドをねじる
わけた上側の髪を、後ろへ引っぱるようにしながらねじり、アメピン1〜2本をさしてとめる。わけた下側の髪も同じようにする。耳の後ろあたりにバレッタをつけてね。

できあがり

ミディアム なんちゃってボブ
髪を内側に丸めてボブに見せちゃお。

用意するもの

ブラシ　ヘアゴム　アメピン　カチューシャ

1 髪をとかしてふたつにわける
髪全体をよくとかす。えりあしあたりの髪を指でざっくりとふたつにわけよう。

146

3章 おでかけ&イベントヘア

ちょこっとおだんご ふつう ★★

ロング

ラフなミニおだんごがポイント。

用意するもの

ブラシ　ヘアゴム　アメピン　ミニクリップ

1 まん中わけにする
指でトップの髪をざっくりとまん中わけにする。

アドバイス
髪はP.67の「ミックスまき」にしておくと、よりかわいいよ。

2 髪をとりわけて結ぶ
まゆじりから上あたりの髪をとりわけてゴムで結ぶよ。反対側も同じようにしてね。

3 ミニおだんごを作る

結び目のゴムに毛束をラフにまきつけて、おだんごを作る。毛先は少し残して、おだんごをアメピンで固定しよう。反対側も同じようにしたら、ミニクリップをつけてね。

できあがり

2 みつあみをする
それぞれの毛束をゆるくみつあみにして、あみ終わりは小さなゴムで結ぶ。あめない長さの人は、毛先をゴムで結ぶだけでOK。

3 みつあみを内側に丸めこむ
みつあみを毛先から内側にくるくると丸めこみ、えりあしの髪といっしょにアメピン2〜3本でとめる。反対側も同じようにして、最後にカチューシャをつけてね。

できあがり

女子会ヘア

モテこみシュシュ

みつあみがポイントのモテヘア！

用意するもの
- ブラシ
- コーム
- ヘアゴム
- ダッカール
- シュシュ

ロング / ミディアム

1 髪をわけてみつあみを作る

髪をとかして7対3に横わけにし、P.97「お姉さん風ヘア」1のようにわけ目をジグザグにする。次に多いほうのトップから髪を多めにすくって、みつあみをするよ。

NG みつあみが細くならないように、すくう髪の量に注意してね。太めのみつあみのほうがかわいいよ。

2 あんだみつあみをとめる

最後まであんだら小さなゴムで結び、ダッカールでとめておく。

3 残りの毛束とみつあみをいっしょに結ぶ

残っている髪をブラシでとかしながら、図のように（みつあみを作った側の）耳の後ろで集める。みつあみをおろして、毛束といっしょにゴムで結ぶ。最後にかわいいシュシュで飾ってね。

できあがり

ゆめかわくるりんぱ

かんたんなのに手のこんだ髪型に見える！

ふつう ★★

3章 おでかけ＆イベントヘア

用意するもの

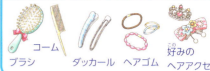

ブラシ　コーム　ダッカール　ヘアゴム　好みのヘアアクセ

1 髪をふたつにわけ、上下にわける

髪をよくとかし、まん中わけにしてダッカールでとめる。さらに、わけた片方の髪を、こめかみのあたりで上下にわけ、上の髪を小さなゴムで結ぶ。

キラかわポイント

結び目の位置は耳の上あたりがベスト。後ろで結ばないようにしよう。

2 1回目のくるりんぱをする

P.43「基本のくるりんぱ」4〜5と同じように、結んだゴムの上に内側から親指と人さし指を入れて穴をあけ、入れた2本の指で毛束を穴に通すよ。

ロング

ミディアム

3 下の髪とまとめて結ぶ

2と残った下の髪をまとめて、えりあしのあたりで小さなゴムで結ぼう。

4 2回目のくるりんぱをする

3の毛束をくるりんぱする。反対側も同じように2回くるりんぱしよう。

できあがり

149

家族で旅行ヘア

1泊2日の家族旅行。同じアクセでガラリとイメチェンしよう！

1日目★カチューシャ風ヘア

ふつう ★★

みつあみでオシャレにアレンジ。

用意するもの

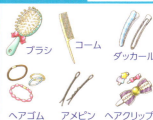

ブラシ／コーム／ダッカール／ヘアゴム／アメピン／ヘアクリップ

ロング／ミディアム

1 サイドの髪をとりわける

髪をよくとかしてまん中わけにしてね。次にトップから耳の後ろまでの髪をとりわけ、きれいにコームでとかすよ。後ろの髪はダッカールでとめてね。

アドバイス
とりわけた髪をきりふきなどでしめらせておくと、あとでみつあみがしやすいよ。

2 みつあみにする

とりわけた髪を3つにわけ、みつあみにする。毛先まであんで下を小さなゴムで結ぶよ。反対側も同じようにしてね。

NG あみはじめの根元をキュッとしめないと、みつあみを上げたときに横がボヨンとふくらんで、かわいさダウン。

3 みつあみをクロスさせる

両サイドのみつあみを持ち上げ、頭の上でクロスさせてアメピンでとめる。そのとき、おたがいの毛先を内側へ入れこんでかくすとキレイだよ。

4 ヘアクリップをとめる

片側に大きめのヘアクリップをふたつとめる。位置を少しずらすとかわいさUP。

できあがり

3章 おでかけ&イベントヘア

2日目★逆毛おだんご

ラフにまとめてかわいい時短アレンジ。

1 ふたつ結びにする

P.38「ふたつ結び」の **1**〜**4** までと同じようにする。結ぶ位置は耳の後ろあたりにしてね。

用意するもの

- ブラシ（なくてもOK）
- コーム
- ダッカール
- ヘアゴム
- ヘアクリップ

2 逆毛を立てる

コームを使って両方の毛束に逆毛を立てるよ。毛先から結び目に向かってコームを細かく動かそう。

3 逆毛をおだんごにする

逆毛を、きき手と反対の手のひらでつかむようにまとめる。そして、大きめのヘアクリップでとめてラフなおだんご状にするよ。反対側も同じようにしてね。

♦ キラかわポイント

逆毛をたくさん立てるとかわいいよ。おうちの人にも手伝ってもらってもいいね。

アドバイス
ヘアクリップだけでうまくとめられないときは、アメピンで数か所とめてから、ヘアクリップでとめよう。

できあがり

ロング／ミディアム

ゆかたヘア①

かくしポニー
毛先を遊ばせてえりあしスッキリ！

むずかしい ★★★

用意するもの

ブラシ　コーム　ヘアゴム　ダッカール　アメピン
Uピン　好みのヘアアクセ

ロング　ミディアム

1 ひとつ結びをする
P.34「ひとつ結び」にする。結ぶ位置は耳の高さあたりにしてね。ミディアムなら、えりあしあたりで結んでもいいよ。

アドバイス
あとで毛先を散らすときに長さがたりないとオシャレ度半減だから、ちょっと低めの位置で結ぶよ。

3 ピンでとめる
持ち上げた毛束と根元の髪をいっしょにアメピン5〜6本でとめるよ。結んだゴムの上、ゴムに近い位置でとめてね。

2 毛束を折り返す
毛束をよくとかし、上に持ち上げてダッカールでとめよう。

キラかわポイント
ピンは左右からしっかりとめてね。この部分がきっちりしていないと、毛先がうまく広がらないよ。

152

3章　おでかけ&イベントヘア

4 毛先を散らす
ダッカールを外し、たれ下がった毛先を手で左右に散らすよ。

5 散らした毛先をととのえる
折り返し部分にところどころUピンをさして、毛先がふんわりバランスよく広がるようにととのえよう。

6 ヘアアクセを飾る
片方の耳の後ろあたりに、ヘアアクセを飾ってね。

できあがり

ゆかたヘア②

ショート
なんちゃって華やかアップ
ショートでもできるアップスタイル！

かんたん ★☆☆

用意するもの

 コーム
 ワックス
 ヘアゴム
 アメピン
 大きめのバレッタ

アドバイス
結んだゴムを片手でおさえ、後頭部の髪を少しずつ指先でつまんで引っぱり、ふんわり感を出すのが美しさのコツ！

1 ワックスを軽くつける

コームで髪をよくとかし、7対3にわける。手に軽くワックスをとってなじませ毛先を中心につけてね。

2 えりあしの髪を結ぶ

えりあしの髪を手で集めて、小さなゴムでちょこんと結ぶよ。

3 結んだ髪を上げてとめる
2を持ち上げて、アメピンを横にさしてとめる。おくれ毛は気にしなくてもOK。

4 バレッタをとめる

結び目をかくすようにして、大きめのバレッタをとめる。後頭部にボリュームが出ないときは、逆毛を立ててね。

できあがり

みつあみクロスアップ

ミディアム

かんたんでも凝って見えるスタイル！

3章 おでかけ&イベントヘア

ふつう ★★☆

用意するもの

ブラシ／コーム／ダッカール／ヘアゴム／アメピン／カチューシャ

1 髪をまん中わけにする

髪をとかし、後ろまでまん中でわける。片方をダッカールでとめるよ。

2 片方をみつあみする

ダッカールでとめていないほうの髪をよくとかし、3つにわけてみつあみをする。毛先近くまでいったら小さなゴムで結ぶ。反対側も同じようにみつあみにするよ。

3 みつあみを交差させる

右のみつあみを左側へ、左のみつあみを右側のえりあしへと交差させて、下からアメピンでとめる。

4 ととのえてカチューシャをつける

えりあしのおくれ毛は中へ入れてすっきりさせ、飾りのあるカチューシャをつけてね。

できあがり

次のページも見てね！

エレガントモリおだんご

おだんごは高く作ろう！

1 前髪をとりわけポンパにする

P.58「基本のポンパ」と同じ方法で、前髪を黒目と黒目の幅でとりわけて、ポンパにするよ。

用意するもの

ブラシ／コーム／ヘアゴム／アメピン／Uピン／ワックス／好みのヘアアクセ

2 トップでまとめる

おでこ横の、フェイスライン両側の髪を少しだけたらし、残りの髪をすべてトップの高い位置でまとめるよ。

NG もみあげの髪をたらすとかわいくないよ。たらす髪の場所に注意してね。

3 毛束をまいておだんごを作る

毛束をゆるめにねじりながら結び目にまきつけ、アメピンとUピンでふんわりおだんごを作るよ。

キラかわポイント

できるだけトップの高い位置で、髪をまとめて結ぼうね。毛束を持つ手が動かないように、しっかりキープしてね。

4 えりあしをととのえアクセをつける

ワックスをつけた指でえりあしをなで上げ、コームでととのえる。ヘアアクセは正面ではなく、少し横にずらしてつけるよ。

できあがり

3章 おでかけ&イベントヘア

ならいごとヘア
くるりんハーフおだんご

ふつう ★★

ちょっぴりおすましスタイル！

用意するもの

ブラシ　コーム　ダッカール　ヘアゴム　アメピン

ロング

ミディアム

1 ハーフアップにする

P.46「基本のハーフアップ」にする。上下にわけてゴムで結んだら、結んだ毛束をコームでとかす。

アドバイス
このスタイルは、おだんごを平らにまとめるのがポイント。

2 毛束をまきつける

結び目に毛束をまきつけておだんごを作る。まき終わりの毛先は、おだんごの中へ入れこむよ。

3 おだんごを固定する

アメピンをさしておだんごを固定する。

できあがり

157

ならいごと発表会(文化系)ヘア
ねじりハーフアップ

かんたん ★☆☆

ねじるだけでお嬢様風に♥

用意するもの
ブラシ／コーム／ダッカール／ヘアゴム／バレッタ

ロング／ミディアム

1 耳より前の髪をとりわける
ブラシで髪をよくとかしてから、コームでサイドの髪をとりわける。トップから耳の後ろでまっすぐに線を入れるようにするよ。

2 とりわけた髪をふたつにわける
耳より後ろの髪はダッカールでとめ、サイドにとりわけた髪をさらにたてにふたつにわけるよ。

3 髪をねじる
ふたつにわけた毛束をそれぞれ両手に持ち、交互にきつめにねじっていく。ねじり終わりは小さなゴムで結ぶよ。反対側も同じようにしてねじって結ぶ。

NG ゆるめにねじると、あとでゆるゆるになってかわいくなくなってしまうよ。

158

3章　おでかけ&イベントヘア

キラかわポイント

このスタイルは、バックのキレイさが大事。根元からブラシを入れてとかすと、きちっとした印象になるよ。

4 後頭部をキレイにとかす

とめていたダッカールを外し、ブラシでとかすよ。

5 2本の束を後ろで合わせる

2本のねじった髪を両手で後ろへ持っていく。後頭部のまん中の少し下で合わせるよ。

できあがり

6 合わせた部分をとめる

2本のねじった毛束を後ろでまとめてバレッタでとめよう。

ならいごと発表会（スポーツ系）ヘア
ブレイド風ヘア

ふつう ★★☆

元気色のゴムを使ってキュートに！

用意するもの

ブラシ　コーム　ヘアゴム

キラかわポイント
ヘアゴムは5か所に使うよ。それぞれ色を変えると元気な感じになるよ。

ロング / ミディアム / ショート

1 髪をとかす

髪全体をよくとかしてから、コームで前髪を後ろに向かってとかすよ。

3 ゴムで結ぶ
とりわけた髪の毛束が立たないように、髪を後ろにねかせぎみにして小さなゴムで結ぼう。

2 髪を三角にとりわける

前髪の中心部分に、コームの柄の先で一辺が3㎝の三角形を作るようにして髪をとりわけ、とった髪をキレイにとかすよ。

160

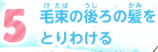

3章 おでかけ&イベントヘア

4 横の髪をゴムで結ぶ

結んだ毛束の横の髪を同じようにとりわけ、それぞれ小さなゴムで結ぼう。フェイスラインに沿って3つの毛束を作るよ。

5 毛束の後ろの髪をとりわける

3つの毛束の後ろの髪を同じようにとりわける。図のように前の毛束と毛束の間の髪をとりわけようね。

アドバイス

5つの毛束はすべて後ろ方向に結んで、ブレイド風にするよ。むずかしかったらおうちの人にやってもらおうね。

6 2段目を結ぶ

3で結んだ、まん中の毛束を半分にわけて、5でとりわけた髪といっしょに小さなゴムで結ぶ。反対側も同じように結ぼう。

できあがり

お誕生日会ヘア
ななめあみこみ

むずかしい ★★★

かがやくヘアアクセで飾ってね。

用意するもの

ブラシ　ワックス　コーム　ヘアゴム　ミニクリップ　好みのヘアアクセ

ロング / ミディアム

1 髪をとかす
髪全体をよくとかしてから、前髪以外の髪をすべて後ろ側へとかすよ。

2 ワックスをつける
手にワックスをなじませ、後ろへとかした髪にまんべんなくつけよう。

3 髪をとりわける
トップの髪をコームで三角にとりわける。分量は、黒目から黒目の間くらいの幅でとるよ。

アドバイス
ワックスの量は、いつもよりも少し多めに。裏あみこみをするときにまとめやすくなるよ。

3章　おでかけ&イベントヘア

4 裏あみこみにする

とりわけた毛束から、髪全体をP.54「裏あみこみ」にしていく。

5 あみこみをななめに進める

あみこみは、頭の後ろからスタートして、下に進むにつれて片側寄りにしてね。最後は前側にくるように作り、あみ終わりはゴムで結ぶよ。

6 ヘアアクセを飾る

あみこみにミニクリップを散らしてつけ、結び目のゴムにヘアアクセをつける。最後に前髪をととのえよう。

キャラかわポイント

ミニクリップはジュエル系、ヘアアクセはパール系にするとより華やかになるよ！

できあがり

163

ホームパーティーヘア
みつあみパーマ

かんたんに華やかウェーブヘア！

用意するもの

ブラシ　コーム　ヘアゴム　飾りのついたピン

✨キラかわポイント

みつあみが細いほど、細かなウェーブができるよ。大変だったらおうちの人に手伝ってもらおう！

1 髪全体を9ブロックにわける

パーティーの前日夜にシャンプーをして、半がわきのときに前髪以外を図のようにわける。

3 ひと晩そのままにする

みつあみがすべて終わったらそのままにして、ひと晩寝るよ。

2 みつあみをあんで結ぶ

わけたブロックを、それぞれみつあみにする。根元からきつめにしっかりと、毛先ぎりぎりまであむよ。あみ終わりは小さなゴムで結ぶよ。

アドバイス

みつあみの太さが同じくらいだと、ほどいたときにキレイなウェーブになるよ。

3章　おでかけ&イベントヘア

4 ゴムを外す

朝起きたら、結んでいたゴムをすべて外すよ。

6 髪をねじり
ピンで飾る

サイド上部分の左右の髪を、少しだけつまんでねじる。飾りのついたヘアピンなどでとめる。

5 手ぐしで
みつあみをほぐす

手ぐしでみつあみをほどいていって、全体にふんわりとするように髪に手を通すよ。

NG 髪をぬらさないでね。せっかくのウェーブがくずれちゃうよ。

できあがり

165

およばれヘア
お姉さん風アップ

アクセをたくさんつけてかわいく♡

1 アイロンで髪をまく

P.67「ミックスまき」にする。

用意するもの

ブラシ　ヘアアイロン　カールローション　ダッカール

タオル　くちばしクリップ・ミニクリップ　コーム

アドバイス
アイロンは、おうちの人にやってもらおうね。髪がかわいた状態で、カールローションをつけてからまくよ。

3 髪を後ろでまとめる

カールをくずさないようにブラシと手ぐしで髪を後ろへまとめる。位置はなるべく高くして、ブラシは根元から入れ、毛先まで通さないようにするよ。

2 サイドの髪を残す

サイドの髪を少しだけとり、前にたらして残すよ。

NG ブラシを毛先まで通してしまうと、せっかくのカールがとれやすくなっちゃうから気をつけてね。

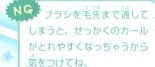

3章 おでかけ&イベントヘア

キラかわポイント

くちばしクリップはしっかりとまるのでとっても便利。キラッと光る飾りがついたものをつければ、お姉さん度がUP！

5 くちばしクリップを2個とめる

毛束をねじったら、くちばしクリップでとめる。反対側から、位置をずらしてもうひとつとめるよ。

4 毛束を上にねじる

集めた毛束は高い位置をキープしながら、上に向かってねじる。

6 逆毛を立てる

ねじり上げた毛先を上に持ち、コームで逆毛を立てる。立てた逆毛を手で散らしてふわりとさせ、ランダムに光るミニクリップなどを飾る。

できあがり

ハロウィンパーティーヘア
ねじりツノヘア

ぴょこんと立ったツノがキュート♥

用意するもの

ブラシ　コーム　ヘアゴム　アメピン　アクセつきゴム

1 髪をわける

髪をとかし、指で線をつけるようにして、まん中わけにする。

2 ツノになる髪をとりわける

中心から目じりぐらいのところの髪をとりわける。小さなゴムで結び、毛束をふたつにわけて左右に引っぱり固定するよ。反対側も同じようにしてね。

3 髪をねじる

2の片方の毛束を持ち、人さし指に髪をまきつけるようにして手首をまわす。くるくると毛束をねじり続けてね。

アドバイス
ツノを大きく作りたかったら、とりわける髪の量を多くしてね。

ロング／ミディアム／ショート

168

3章　おでかけ&イベントヘア

5 根元をとめる

自然にツノができたら、毛先を根元の部分でアメピンでとめる。反対側もねじってツノを作るよ。

4 ねじり続けてツノを作る

そのままねじり続けると、途中から毛束が勝手に折れてツノの形になるよ。

6 アクセつきゴムで結ぶ

片方のツノに、ポイントとしてかわいいアクセつきゴムで結ぼう。

できあがり

169

クリスマス会ヘア

ショート
ねじりふんわりヘア
逆毛でふわっとさせてね。

用意するもの

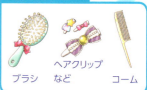

ブラシ／ヘアクリップなど／コーム

1 おでこ上の髪をとる
髪をブラシで後ろへとかし、おでこの中心部分の髪を手でとりわける。範囲は黒目の内側から内側までの間くらいの幅で。

2 髪をねじってとめる
とりわけた髪をねじり、クリップでとめるよ。

キャラかわポイント
アクセは赤や緑のクリスマスカラーがGOOD！3つならぶより、ランダムにずらしてとめるとかわいいよ。

3 あと2か所髪をねじる
クリップでとめた毛束の両側の髪も、同じような分量でとる。中央へ向かってねじってとめるよ。

できあがり

4 逆毛を立てる
コームを使って全体に逆毛を立てる。逆毛を立てたい毛束の毛先の下から上に向かって、コームを細かく動かしてね。

アドバイス
パーティーヘアは逆毛を立ててふわっとさせると、華やかになるよ。おでこまわりがスッキリしているのがポイント！

3章 おでかけ&イベントヘア

ミディアム
アイドルキュートおだんご
毛先をいかした変化球おだんごだよ！

ふつう ★★

用意するもの

ブラシ　コーム　ダッカール　ヘアゴム　アメピン　カチューシャ

1 まん中わけにする
コームの先を使ってまん中でふたつに髪をわけ、結ばないほうの髪をダッカールでとめるよ。

NG えりあしの残す髪の量には注意しよう。多すぎるとカッコ悪くなっちゃうよ。

2 えりあしの髪をたらす

えりあしのいちばん下の、はじの部分を小指ですくい、少しだけ残す。あとの髪はブラシでとかして耳の上に集めるよ。

3 毛束をゴムで結ぶ

2で集めた髪をゴムで結ぶ。反対側もダッカールを外し、同じようにして結ぶよ。

4 毛先を丸めてとめる

結んだ片方の毛束をねじりながら、毛先を後ろから前に持っていく。ねじった部分にアメピンをさすよ。反対側も同じようにしてね。

5 毛先を広げる

前に持ってきた毛先を、指先でつまむようにして広げ、ふんわり丸みのあるおだんご風にするよ。反対側も同じようにしてね。

6 ととのえる
たらしたえりあしの髪を両手で持ち、首に沿うようにしてととのえる。最後にカチューシャを飾るよ。

できあがり

次のページも見てね！

ラプンツェル風サイドねじりヘア

ロング ねじりとみつあみをミックス♥

むずかしい ★★★

用意するもの

ブラシ・コーム／ダッカール／ヘアゴム／好みのヘアアクセ

1 髪をとかしわける

8対2の横わけにし、トップの髪を少しだけ手でとりわけ、コームでよくとかす。

2 細みつあみを作る
とりわけた髪を3つにわけ、きつめに細くみつあみを作る。毛先ぎりぎりまであんだら小さなゴムで結ぶよ。

4 毛束をねじって結ぶ
結んだ毛束をふたつにわけてねじり、毛先を小さなゴムで結ぶよ。

3 ほかの髪を横でまとめる
作ったみつあみを一度頭の上にダッカールでとめておいてね。他の髪をブラシでよくとかしてサイドに集め、ゴムで結ぶよ。

5 毛束にみつあみをまきつける
頭の上によけておいた細みつあみをおろし、毛束にまきつける。

キラかわポイント
鏡を見ながらアクセをランダムに、散らすようにつけて毛束を飾るのがポイントだよ。

6 アクセを飾る

好きなアクセを飾るよ。

できあがり

イベントで大活躍！ キレイにうつる ワンポイント美テク

いつまでも残る写真には、かわいい姿でうつりたいよね。
ちょっと気をつかえば、他の人よりキレイにうつれること、間違いなし！

少し横からカメラを見て！
あごを引き、カメラに対して少しだけ顔を横に向けるのがコツ。あごがスッキリ見えるよ。カメラへの目線は外さないで。

顔の近くに手をあてて！
手を顔にふれさせたり、近づけたりすると小顔にうつるよ。

こんなポーズもオススメ★　両手を組む　髪をさわる

体はちょっぴりななめに！
顔はカメラに向けたまま、体だけ少しななめにしてみて。スリムで美しくうつる魔法の角度だよ♥

ピシッと立つ！
おしりと、お腹の下に力を入れて背筋をのばしてね。あごを引くのを忘れないで！

もっとかわいく♥テク
目をパッチリさせるには……
撮られる直前にぎゅっと目をとじて、パッとひらくと目がパッチリするよ。カメラのレンズの少し上を見ると、自然でやさしい表情になるよ。

パシャ

173

おうちでもかわいいヘア
ヘアバンドでアップヘア

かんたん ★☆☆

ヘアゴムを使わないアレンジ！

用意するもの

ワイヤー入りヘアバンド

ロング / ミディアム

1 片側に髪を集める
手ぐしで髪をとかしながら、ざっくりと片側へかき集めるよ。

3 ヘアバンドをねじる
ヘアバンドを毛束の根元に1回まきつけ、短いほうを一度ねじって固定させる。

2 ヘアバンドをあてる
片手で毛束をにぎり、にぎった部分にヘアバンドをあてよう。片側は長く残してね。

4 ヘアバンドを まきつけていく

毛束に、ヘアバンドの長く残したほうをらせん状にグルグルとまきつけていく。

5 ヘアバンドを ねじってとめる

毛先までまき終わったら、残ったヘアバンドを髪といっしょに折り上げ、ヘアバンドの端と端を合わせてねじって固定させるよ。

アドバイス

髪をまとめてばかりだと頭皮もつかれちゃうよ。ときにはゴムなしまとめ髪でストレスフリーに！

できあがり

HAIR ARRANGEMENT

なりきり★プリンセスヘア⑪

ねじりまき髪

ふつう ★★☆

上品な印象になるよ。

用意するもの

ブラシ / ヘアアイロン / カールローション / ダッカール / タオル / ティアラ

ロング
ミディアム

1 アイロンで髪をまく

まん中わけにして髪をブラシでよくとかしてから、P.66「フォワードまき」で全体をまく。

アドバイス
アイロンは、おうちの人にやってもらおうね。髪は水でぬらさずにかわいた状態のままでカールローションをつけると、髪にやさしく、カールが長持ちするよ。

3 わけた髪を寄せ集める

わけた片側の髪を、手ぐしで前のほうへ寄せ集める。

2 手で後ろの髪をわける

手を後ろへまわして、まいた髪をざっくりまん中からわけるよ。キレイにわけなくてもOK。

3章 おでかけ&イベントヘア

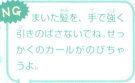

NG まいた髪を、手で強く引きのばさないでね。せっかくのカールがのびちゃうよ。

4 寄せ集めた髪を内側へまく

さらに、内側に向かってくるんくるんと集めるようにして、手でやさしくまいていく。

できあがり

5 ねじった手を離す

まとめた毛束をねじってパッと離すと、たてロールができるよ。反対側も同じようにしてたてロールを作ろう。

6 髪を耳にかける

両方のたてロールができたら、サイドの髪を両耳にかけるよ。しあげにティアラを飾る。

177

なりきり★プリンセスヘア②
みつあみアップ

ティアラにぴったりなまとめ髪！

用意するもの

ブラシ　コーム　ヘアゴム　アメピン　Uピン　ティアラ

1 後ろをまん中わけにする
前髪以外の髪を後ろ側にとかす。前髪はななめにおろし、後頭部からえりあしにかけての髪をまん中でわけよう。

3 毛束をねじる
片方の毛束をとかしてふたつにわけてきつめにねじり、ねじり終わりは小さなゴムで結ぶよ。反対側も同じようにねじって結ぼう。

2 後ろ側でふたつに結ぶ
わけた線の近く、耳の位置より少し上に髪を集めてふたつ結びにするよ。

3章 おでかけ＆イベントヘア

5 反対の毛束をまきつける
残った毛束は反対側の結び目に上からまきつけるようにするよ。

4 毛束を後ろでまきつけてとめる
片方の毛束を、反対側の毛束の結び目に下からまきつけ、まき終わりをアメピンでとめるよ。

7 形をととのえる
まとめた部分が丸い形になるようにＵピンでととのえ、ティアラを飾ってね。

6 ピンでとめる
毛先をまとめた髪の内側に入れこみ、アメピンでとめよう。

キャラかわポイント
まきつけた髪が華やかに見えるように、あまり小さくまとめないのがコツ！

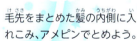
できあがり

179

なりきり★アイドルヘア
片サイドあみこみ

むずかしい ★★★

トップの毛束感がポイント。

用意するもの
- ブラシ
- コーム
- ヘアゴム
- ヘアスプレー
- ミニハット

ショート

1 サイドを裏あみこみにする
髪をとかし、8対2にわけて、少ない髪のほうのサイドを、P.54「裏あみこみ」にするよ。あみ終わりは小さなゴムで結ぼう。

2 トップの髪にスプレーをかける
多いほうの髪のトップを少しすくいとり、片手の指でねじってから軽くヘアスプレーをかける。ねじることで毛束感を出すよ。

★アドバイス★
ボリュームを出すため、スプレーは髪の根元にかけよう。かけすぎちゃうとベタついて、かえってボリュームダウンしちゃうよ。

3章　おでかけ&イベントヘア

3 全体的にボリュームを出す

2を5〜6か所くらい行って、全体的にボリュームを出すよ。

4 指先で毛束をくずす

最後に両手の指で毛束をラフにくずして、自然な動きを出してね。

5 ミニハットを飾る

あみこみの上あたりに、ミニハットをつける。

✦ キャラかわポイント ✦

ハットはサイドのあみこみがかくれないように小さめのものを選ぼう。少し前ぎみにななめにつけるのが、アイドルになれるコツ！

できあがり

なりきり★ゴスロリ風ヘア
たてロールツイン

しっかりカール感を出してね。

用意するもの

ブラシ　コーム　ヘアアイロン　カールローション　ヘアゴム　ダッカール　好みのヘアアクセ　タオル

1 ふたつ結びにする

P.38「ふたつ結び」の 1〜4 まで同じようにする。結ぶ位置はできるだけ高めにしよう。

2 毛束をフォワードまきにする

両方の毛束を、P.66「フォワードまき」にする。おうちの人にやってもらってね。

アドバイス
毛先まできちんとまいてもらってね。根元から先までくるんとしているのがこのヘアアレのポイントだよ。

3章 おでかけ&イベントヘア

4 ねじった手を離す

まとめた毛束をパッと離すと、キレイなたてロールができるよ。反対側も同じようにたてロールを作ってね。

3 髪を手で内側へねじる

まき終わったら、髪を手で内側に向かってくるんくるんと集め、やさしくねじっていく。

できあがり

5 ヘアアクセを飾る

ゴスロリ風のヘアアクセをトップに飾るよ。前髪はわけ目を入れずに下ろして、重めにしてね。

183

なりきり★うさ耳ヘア
くるりんツイン

ふつう ★★

内まきを外まきヘアにチェンジ！

用意するもの

ブラシ　コーム　ダッカール　ヘアゴム　マジックカーラー　シュシュ
（直径約4cm）

1 ふたつ結びにする

P.38「ふたつ結び」の 1〜4 まで同じようにする。結ぶ位置はできるだけ高めにしよう。

2 カーラーで髪をまく

両方の毛束をよくとかしてから、マジックカーラーで内側にまいて、そのまましばらく置く。マジックカーラーの使い方は P.130 も参考にしてね。

アドバイス
毛先にカールローションを軽く吹きかけてからまくと、クセがつきやすいよ。

3章 おでかけ&イベントヘア

3 カーラーを外す

両方のマジックカーラーをすべらせるようにして外してね。

4 カールを外まきにする

内まきになっている毛先にブラシをあて、反対側にひっくり返すようにして外まきにし、ととのえる。

アドバイス

毛束にヘアスプレーをかけると、外まきをキープしやすいよ。

5 シュシュを飾る

両方の毛束の根元にシュシュをつけよう。

できあがり

なりきり★くま耳ヘア
みつあみおだんご

むずかしい ★★★

2本のみつあみで、くま耳が大きく作れるよ。

用意するもの
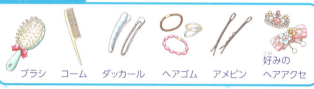
ブラシ　コーム　ダッカール　ヘアゴム　アメピン　好みのヘアアクセ

ロング
ミディアム

1 高めのふたつ結びにする

P.38「ふたつ結び」の1～4まで同じ。結ぶ位置は耳の上の高めにしてね。

2 ふたつにわけてみつあみをする

結んだ毛束をふたつにわけて、それぞれみつあみにする。あみ終わりは小さなゴムで結んでね。

3 2本目のみつあみを作る

2の残りの髪もみつあみにしてあみ終わりをゴムで結ぶ。反対側も同じように2本のみつあみを作ってね。

3章 おでかけ&イベントヘア

4 みつあみを丸くまとめてくま耳を作る

2本のみつあみを、根元のゴムにおだんご状になるようにまきつけていこう。

5 くま耳をピンで固定する

まき終わりと、他の数か所をアメピンでとめて形をととのえる。反対側も同様にくま耳を作ろう。できたくまの両耳の間に大きめのヘアアクセをつけてね。

アドバイス

くま耳を作るときは、鏡を見ながら左右の形が同じになるように気をつけよう。丸さを出すのがポイントだよ。

できあがり

なりきり★ねこ耳ヘア
トップねじり

ふつう ★★

キュートな耳がかわいい♡

1 髪をわけとりねじる

髪をとかしてまん中わけにする。頭の上の耳を作りたい場所の髪を、4〜5cmの幅ですくいとり、中心に向かってねじるよ。

NG すくいとる髪が少なすぎると、ねこの耳っぽくならないから気をつけてね。

用意するもの

ブラシ　コーム
アメピン

ロング / ミディアム / ショート

2 耳を作る

ねじった髪を地肌から離さずに前へ押し出すと、ポコンと耳があらわれるよ。

3 耳をアメピンで固定する

耳を立たせたら、手でつかんでいる部分をアメピンでクロスさせ、まとめる。反対側も同じように耳を作ってみよう！

できあがり

前髪黄金バランス

スタイルを左右する前髪は、バランスが大切。
ベストバランスを覚えておこうね！

前髪の キラかわポイント はここ！

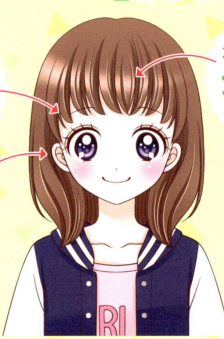

まゆに
少しだけ
かかるくらい

コームで
よくとかして
ツヤ髪キープ

前髪は
サイドの髪と
自然につながる
ように

前髪の長さはまゆに少しだけかかるくらいがベスト。前髪とサイドの髪のつながりは自然に。ここを直角に切ってしまうと顔が大きく見えちゃうよ。のびてしまったらアクセを使ってアレンジしたり、自分でカット（P.206）にチャレンジしてね。

アドバイス

のびて目にかかると、毛先が目にささったり、勉強のじゃまになるので気をつけてね。

4章 前髪でガラリとイメチェン♥

前髪スタイルバリエーション

ぱっつん前髪
まゆ毛のラインで前髪を直線的にカット。個性的で小顔さん向きのスタイル。

毛先ギザギザ前髪
毛先をわざとそろえず、ギザギザにカットする遊びのあるスタイルだよ。

ストレート前髪
カールさせずに、まっすぐおろした前髪。

重め前髪
とりわける前髪のボリュームを多くして、フロントを重く見せるスタイルだよ。髪の量の多い人に向いてるスタイルだよ。

広め前髪（ワイドバング）
目じりより外側の、こめかみ部分くらいまでを前髪としてカットしたスタイル。

193

前髪わけ方アレンジ

わけ方は、スタイルの印象を決める大事なポイントにもなるよ。いろいろ試してみてね。

ななめわけ

わけ目を、まん中ではなく右か左の横にずらし、前髪をななめに流すスタイル。わける割合は、8対2が今風。スタイルによっては7対3もあり！

まん中わけ

センターパートともよぶ、お姉さんっぽくなるスタイルだよ。髪をとかし、コームの柄の先を使って線を入れるようにするとキレイにわけられるよ。

ちょこっとわけ

左右どちらかのまゆ毛のまん中に1cmくらいのすき間をあける。ちょっとだけおでこがのぞく、流行りのスタイルだよ。

4章 前髪でガラリとイメチェン♥

束感わけ

左右どちらかの横わけにして、毛先に少しだけワックスをつけて、3か所くらいに毛束を作るよ。ショートスタイルの前髪や、のびかけのときにオススメ。

シースルーわけ

おでこがすけるように、前髪をうすくしたわけ方だよ。好きなすけ方になるように前髪を上下にわけ、上部分をアメピンなどを使ってサイドや後ろでとめてね。

ふんわりわけ

前髪を上下にわけ、上部分だけを指で少しつまみ、ワックスをつけてふわっとさせる。表面だけをふんわり浮かせることによって重たく見えず、やわらかい印象になるよ。

顔の形別！お似合い前髪診断

顔の形（P.20〜21）によって、かわいさをより引き出してくれる前髪が変わってくるよ♪ あなたにお似合いの前髪はどれかな？

● 丸顔さん

おさなく見えがちなので、おでこを出すと顔がたて長に見えてスッキリするよ♪

ななめわけ　　**まん中わけ**

NG
顔の横幅が強調されてしまって、顔が実際より大きく見えてしまうよ。

- ✕ ぱっつん
- ✕ 広め前髪（ワイドバング）

● たまご顔さん

大人っぽい印象があるので、重ための前髪にするとかわいらしさUP↑

ぱっつん　　**ちょこっとわけ**

NG
わけ目が目立つと、顔がたて長に見えてしまうよ。

- ✕ わけ目がはっきりしたまん中わけ
- ✕ ななめわけ

4章 前髪でガラリとイメチェン♥

■ 四角&ベース顔さん
骨格がしっかりしているので、長めでふんわりさせるとGOOD♥

まん中わけ
（ふんわり）

ななめわけ
（ふんわり）

NG
顔にピッタリ沿う前髪にすると、えらが強調されて顔が角ばって見えるよ。

❌ ぱっつん
❌ ストレート

▼ 逆三角形顔さん
シャープな印象なので、ふんわり丸みを出すとやさしい感じになるよ★

長めのななめわけ
（ふんわり）

ななめわけ
（ふんわり）

NG
シャープなあごが強調されて、ちょっとキツい印象をあたえてしまうかも。

❌ 重め
❌ ピタっとしたストレート

197

前髪アレンジ⑪
ヘアアクセを使ったアレンジ

センターパート さわやかヘア
カラフルなピンがオシャレ。

かんたん ★☆☆

用意するもの

ブラシ　コーム　カラーピン

1 まん中からわける
髪をとかし、コームの柄の先を使って髪をまん中わけにするよ。

2 髪を顔に沿わせる
わけた前髪を、顔のラインに沿うようにとかして、落ち着かせるよ。あんまり左右に広くわけすぎないでね。

できあがり

3 ヘアアクセでとめる
カラーピンなどでにぎやかにとめよう。耳を出すとスッキリしてかわいいよ。前髪が長い子、のばしている子にぴったり。

キュート 前髪横結び
ちょんと結ぼう★

かんたん ★☆☆

用意するもの

ブラシ　コーム　ヘアゴム・アクセつきゴム

1 前髪をとりわける
おでこの両はじから前髪を全部とり、コームでとかす。

ロング／ミディアム／ショート

4章 前髪でガラリとイメチェン♥

プチッと前髪みつあみ
ささっとできるよ！

かんたん

用意するもの

ブラシ　コーム　ダッカール　ヘアゴム　アメピン　ミニクリップ

1 前髪をとりわける
前髪をとかし、P.58「基本のポンパ」のときの幅でとりわけ、サイドの髪はダッカールでとめる。

2 みつあみをしてゴムで結ぶ
前髪をみつあみし、終わりまであんだら小さなゴムで結ぶ。みつあみがおでこに沿うようにする。

できあがり

3 ミニクリップでとめる
あみ終わりのあたりを、アメピンでとめる。ミニクリップをふたつずらしてとめてね。

2 ゴムで結ぶ
とりわけた髪を、小さなゴムでおでこに沿って結ぶ。位置は、まん中よりも少し横にするのがポイント。

できあがり

3 ヘアアクセをつける
ゴムで結んだところに、アクセつきゴムを重ねてつける。結んだ毛先を横の毛といっしょにとかしてなじませる。

199

前髪アレンジ②
前髪あみこみ

顔まわりをスッキリ明るく☆

用意するもの

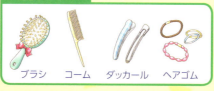

ブラシ　コーム　ダッカール　ヘアゴム

- ロング
- ミディアム
- ショート

アドバイス
あみこまない髪は、ダッカールできっちりよけておく一手間が、キレイにしあげるポイントだよ。

1 髪をとかしてわける
髪をよくとかし、8対2の横わけにするよ。

2 あみこむ髪をとりわける
多いほうの髪をあみこむよ。おでこから5cmくらいの幅で、フロント部分の髪をわけ、後ろとサイドの髪はダッカールでとめよう。

200

4章 前髪でガラリとイメチェン♥

キラかわ ポイント

ここでは片側の髪だけをあみこんでいく「片あみこみ」にするよ。そうするとおでこに沿ったあみこみになってオシャレに。頭から浮かせてしまったり、後ろ側であみこんじゃったりするとオシャレ度ダウンだよ。

3 とりわけた髪を表あみこみにする

とりわけた髪のわけ目に近い部分を少しすくって、P.52「表あみこみ」を参考にあんでいく。髪の毛をつけたすときに、後頭部側の髪だけをつけたしてね。

4 ゴムで結ぶ

あむ髪がなくなったら、あみ終わりを小さなゴムで結ぼう。最後にダッカールを外し、髪をとかしてととのえてね。

できあがり

201

前髪アレンジ③
前髪くるりんみつあみ

むずかしい ★★★

くるりん前髪がキュート！

用意するもの
ブラシ　コーム　ダッカール　ヘアゴム　アメピン　カラーピン

1 フロントをとりわける
髪をよくとかし、目じりから目じりの幅でフロントの部分の髪を多めにとりわけ、ダッカールでとめておくよ。

2 ふたつにわけてみつあみにする
後ろの髪をコームでふたつにわける。片方をコームでよくとかしてからみつあみにする。あみ終わりは少し長めに残してゴムで結ぶよ。

3 反対側もみつあみにする
反対側も同じようにしてみつあみにしてね。

202

4章 前髪でガラリとイメチェン♥

4 前髪を作る

ダッカールを外し、髪をコームでとかす。次にその髪を、おでこをかくすように持ってきて、髪を少しずつ内側へまきこむようにしてね。

♦ キャラかわ ポイント ♦

おでこに沿わせるように、ゆるいカーブを作るよ。ポイントは髪をキツくまきこみすぎないことだよ。ふんわりまきこもうね。

5 こめかみの位置でピンをとめる

こめかみの位置まで髪をまきこんだらアメピンをクロスさせてとめるよ。

6 残った髪をくるっとまとめる

アメピンでとめた先に髪が残ったら、アメピンの上に重ねるようにクルッと丸めてカラーピンで固定しよう。

できあがり

203

前髪アレンジ④
リーゼント風ヘア

前髪のふくらみ方がポイント！

用意するもの

ブラシ　コーム　ヘアゴム　アメピン　カラーピン

1 前髪をとかす
コームでトップから前側の髪を多めにわけて前方向へとかそう。

3 結び目をひっくり返す
結び目を持ち上げて、後ろへひっくり返すよ。

2 毛先をゴムで結ぶ
とかした髪を集め、毛先ぎりぎりのところで小さなゴムで結ぶよ。

アドバイス
できるだけ毛先のほうで結ぶと、前にボリュームのある前髪が作れるよ。

4章 前髪でガラリとイメチェン♥

4 毛先をピンでとめる

ひっくり返した毛先を内側へ丸めこみ、数本のアメピンでとめるよ。できるだけフェイスラインに近い位置でとめてね。

NG 前髪をひっくり返しすぎるとふつうのポンパになっちゃうから気をつけてね。

5 髪をつまみ出す

とめた部分を片手でおさえながら、丸めた髪を少しずつ指でつまんで引き出して、リーゼント風に作ろう。

6 カラーピンをとめる

前髪のふくらみをくずさないように、カラーピンをランダムにとめるよ。サイドの髪は耳にかけてスッキリさせよう。

できあがり

前髪のカットの仕方

すぐにのびちゃう前髪だから、自分でカットできると便利だよ！

前髪カットのポイント

洗面台の前などでカットするときは、準備が大切。切った髪の毛が散らばったり、衣服につかないように周辺をととのえてから切りはじめるよ。また、カットをするときは前髪をぬらさずにドライカットが基本。自信がないときは、おうちの人にやってもらおう！　美容院で前髪カットだけやってくれるところもあるよ。

ポイント

★首まわりにタオルをまいて、その上からケープを着てね。
★洗面所で切る場合は新聞紙を床にしいておいてね。
★かわいたまま切ってね。
★前髪のわけ方に気をつけてね。（くわしくは次のページ）
★あごをさげないでね。

!注意

髪をカットする専用のハサミで、ケガをしないように十分気をつけてカットしよう。

NG　タオルを首にまかずにケープを着てしまうと、髪を切ったときに、ケープと首のすき間から切った髪が入ってきてしまうよ。

4章 前髪でガラリとイメチェン♥

カットの手順

1 カットする前髪をわける
前髪以外のサイドの髪はダッカールでとめてよけるよ。

キラかわポイント
前髪のとり方は、目じりから目じりの間の幅で。目じりより横の髪は、自分でカットしないでね。

3 カットする長さを決める
前髪のまん中部分を2本の指ではさみ、カットする長さを決めるよ。ハサミは横向きにしないで、前髪に対してたてにして、刃先だけを使ってちょんちょんと少しずつカットするよ。

NG あごを下げて前髪を持ち上げすぎると、うわ目づかいになって切りすぎてしまうよ。

2 コームでとかす
前髪をコームでよくとかす。髪はぬらさずにそのまま切るよ。

4 切り進める
カットするときは髪を軽く持って、指はおでこからあまり離れないように。一度に切ろうとせずにコームでとかしながら、鏡で様子を見て左と右を切り進めようね。

キラかわポイント
前髪をはさんで持つ指は、なるべく毛先から上のほうを軽く持ってね。ハサミをたてに入れるから、間違えて指を切らないようにするためだよ。

次のページに続くよ！

207

5 はみ出た毛をカット
切れたらコームで全体をとかし、長さがばらついたところをさらにハサミでととのえる。ハサミは浅く入れ、先だけを使おうね。

6 全体をチェック
ダッカールを外して、前髪全体を鏡でもう一度チェックしよう。

前髪を切りすぎたときのお助けアレンジ

太めのカチューシャであえておでこ出し！
幅が広めのカチューシャでスッキリ、アップにしちゃおう。

ピンをいっぱいつけて短くてもキュートに
前髪を横に流して、キレイな色のピンを何色かランダムにとめる。前髪をおさえるようにピタッととめてね。

ちょっと大人横わけで上品に！
トップの長い髪を持ってきて短い前髪といっしょにし、横わけにしてピンでとめるよ。

4章 前髪でガラリとイメチェン♥

前髪ボリュームUPテク

かんたん
★☆☆

マジックカーラーを使いこなして、前髪のボリュームも自由自在！

1 前髪を とりわけ とかす

前髪をP.206「前髪のカットの仕方」1のようにとりわけ、コームでとかす。とりわけた前髪を指ではさむよ。前髪以外の髪はダッカールでとめるよ。

用意するもの

★前髪の長さが違うとカーラーの太さも変わってくるよ。細いカーラーでまきこみすぎると、ぐるんとカールしすぎてしまうから、ひとまきぐらいできるカーラーを選んでね。

コーム　　ダッカール　　マジックカーラー

2 カーラーを あてる

前髪の根元にカーラーをあて、まきはじめる前に一度グッと根元を立ちあげる。

3 カーラーを まく

髪をまきつけていき、毛先までカーラーにていねいにまきこむ。クセがつくまでしばらく待つ。時間がないときはドライヤーの温風（弱）をあててね。

4 カーラーを 外す

カーラーは、すべらせるようにして外す。ダッカールも外してコームで表面を軽くとかしてね。

できあがり

前髪でハッピーに♪

前髪で運気UP!?

「前髪を上げておでこを出したら、いいことがあった！」
……なんて話、聞いたことない？
おでこは、運気の出入り口といわれているよ。

おでこを出すと……

★ 知恵や成功、幸運を引き寄せる！
★ 人気運アップ！
★ スッキリして、明るい印象に！

おでこ出しアレンジ

クロスどめヘア
▶▶ 57 ページ

センターパートさわやかヘア
▶▶ 198 ページ

前髪あみこみ
▶▶ 200 ページ

わけ目でも運気が変わる!?

前髪を左右どちらにわけるかで、入ってくる運気が変わってくるよ。あなたは、どんな運気を呼びこみたい？

右わけ
自分の気持ちが相手に伝わりやすくなり、恋愛運がUPしやすくなるといわれているよ。

左わけ
何か目標に向かってがんばっているときに、成功運を引き寄せるといわれているよ。

5章 ヘアアクセを使ってアレンジ！

ヘアピンを使ったヘア①

お花ピンヘア

ピンをたくさんつければお花が咲いたみたい！

ふつう ★★

用意するもの

ブラシ　コーム　カラーピン

1 髪をわける
髪をとかし、8対2くらいの横わけにするよ。

2 前髪をとりわける
多いほうの前髪とこめかみ部分の髪をいっしょにとりわけ、コームでとかすよ。

3 前髪をくるんとまわす
とりわけた前髪をつまんで、毛先をくるんとまとめるよ。

4 カラーピンでとめる
まとめた形をそのままにして、カラーピンでたくさんとめるよ。とめるときは、まとめた髪と下の髪をいっしょにとめるよ。

キラかわポイント
キレイにまとめなくて大丈夫。ピンをたくさんとめてお花みたいにしちゃお★

できあがり

ロング／ミディアム／ショート

ヘアピンを使ったヘア②

ちょこっとねじり
くるりとねじってとめるだけ！

ふつう ★★

用意するもの

コーム　ヘアクリップやカラーピンなど

1 髪をとかす
わけ目をつけずに、髪全体をよくとかそう。

3 髪をねじる
後ろに向かって手首を返すように、とりわけた毛束をねじってね。

2 トップの髪を少しとりわける
トップの髪を少しだけとりわけよう。

ロング　ミディアム　ショート

5章 ヘアアクセを使ってアレンジ！

4 ヘアクリップでとめる

ねじった毛束の下にある髪といっしょにクリップやカラーピンでとめるよ。

5 両サイドもとめる

両サイドの髪も同じようにねじって、合計3か所くらいクリップなどでとめてね。

アドバイス

髪の毛のボリュームには個人差があるから、量が多い場合はつまむ分量を少なくして、クリップを5つくらい使ってもOK。数を多く使うときは、小さなクリップにするといいよ。

できあがり

215

ゴム菜ヘアアクセ

アクセつきゴムで ひとつ結び

かんたん ★☆☆

飾り位置がうまく決まらない悩みも解消！

用意するもの

ブラシ　コーム　ヘアゴム　アクセつきゴム

1 ひとつ結びをする

P.34「ひとつ結び」にする。まずはふつうのゴムで結ぶよ。

2 希望の場所へ飾りを置く

アクセの片方を置きたい場所へつけて固定する。反対側のアクセを結び目のゴムに重ねるように、ぐるぐるまきつけよう。

3 片方の飾りをまわす

まけなくなったら固定した飾りにゴムを通すよ。

アドバイス
アクセのゴムが何周するかは、髪の毛の量や、ゴム自体の長さによるよ。

できあがり

カラーゴムアレンジ

どんな長さでもできちゃう
ミニカラフルゴムで華やかに！

5章 ヘアアクセを使ってアレンジ！

用意するもの

ブラシ　コーム　ヘアゴム

1 髪をわける

ブラシで髪をよくとかし、7対3くらいに横わけにするよ。

2 前髪のまん中を結ぶ

前髪のまん中部分を少しだけとって、カラーゴムで結ぶよ。

3 ふたつ目のゴムを結ぶ

結んだ毛束の下の髪を 2 と同じ分量を指ですくいとり、カラーゴムで 2 といっしょに結んでね。

4 顔に沿って結び目を作る

2〜3 をくり返し、フェイスラインに沿っていくつかカラーゴムで結ぶ。わけた反対側も同じようにして、いくつか結んでね。

できあがり

ロング
ミディアム
ショート

シュシュを使ったヘア

手作りお花コサージュ

シュシュに手を加えて、
違うヘアアクセに変身させちゃお！

★☆☆ かんたん

用意するもの

 シュシュ

 アメピン

- ロング
- ミディアム
- ショート

1 シュシュを小さくまとめる

シュシュをお花のようにクシュッと寄せて、寄せ集めた部分に安全ピンをさすよ。針には気をつけてね。

2 アメピンをさす

さらにアメピンを安全ピンに通し、髪につけられるようにする。髪に飾る。

アドバイス

洋服にもつけられるよ。ゴムを通したり、Uピンを使って別な使い方もできるので、いろいろなアレンジを楽しんでね。

できあがり

ダブルシュシュだんご

シュシュをふたつ使って、
キュートなおだんごに！

ふつう ★★

5章 ヘアアクセを使ってアレンジ！

用意するもの

ブラシ　コーム　ワックス　ヘアゴム　シュシュ

1 ポニーテールにしてシュシュをつける

P.36「ポニーテール」にする。結ぶ位置は高くしよう。結べたら、結び目の上にシュシュをひとつつけてね。

アドバイス
シュシュはボリュームのあるタイプがオススメ。おだんごが作りやすくなるよ。また、色や形、素材などが違うシュシュをふたつ用意するとかわいいよ！

2 毛束をシュシュにまきつける

毛束を、根元のシュシュにくるんとまきつけるよ。

3 シュシュをかぶせる

もうひとつのシュシュをまきつけた髪をとめるようにしてかぶせよう。

できあがり

ロング
ミディアム

219

クリップを使ったヘア

デカリボンヘア
つけ方のコツを覚えてね！

用意するもの

ブラシ　コーム　ヘアゴム　リボンのヘアクリップ

ロング／ミディアム／ショート

1 頭頂の髪をとりわける
P.58「基本のポンパ」のように、黒目の中心から中心の幅で、頭頂部分の髪をとるよ。

2 わけた髪をとかす
とりわけた髪をま上に持ってきて、コームでとかしてね。

3 ゴムで結び毛先を広げる
トップよりも少し前の位置で、小さなゴムで結ぶよ。毛束をふたつにわけて左右に引っぱってゴムを固定し、さらに毛先を手で広げてね。

4 デカリボンアクセをつける
アクセつきクリップのとめ方は、結び目のゴムのま下の髪を少しすくうようにしてさしこみ、パチンととめてね。

アドバイス
リボンがしっかり立って、正面を向くようにとめるとかわいい！ リボンが倒れないようにしてとめるよ。

できあがり

無造作クリップヘア

ぶきっちょさんでもかんたん！

5章 ヘアアクセを使ってアレンジ！

用意するもの

 ブラシ
 ワックス
 ヘアクリップ

アドバイス
ワックスを軽くつけると、形がつけやすくなるよ！

1 ワックスをつけて髪を後ろへかきあげる

髪をとかし、手にワックスを軽くつけてなじませ、指を広げる。根元からざっくりと指を入れて手ぐしで上部分の髪を後ろへ流すよ。

2 髪をつかむ

頭の上部半分の髪を後ろでざっくりまとめたら、きき手と反対の手でつかむよ。きちんとまとまっていなくて大丈夫だよ。

3 クリップをとめる

きき手でクリップを持って、束ねたところをとめるよ。クリップをとめるとき、手をはさまないようにね。

♥キラかわポイント♥

大きめのクリップを使って、ラフにざっくりがミソ！

できあがり

ロング / ミディアム / ショート

221

ミニクリップを使ったヘア

サイドミニクリップ
色が違うクリップでオシャレに♥

用意するもの
ブラシ　コーム　ダッカール　ミニクリップ

1 片サイドの髪をとりわける

コームの柄の先を使って、トップから耳の後ろまでのサイドをとりわけるよ。

2 ミニクリップをつける

髪を少しずつ集めて、ミニクリップを3つくらいとめていこう。

✦ キャラかわポイント ✦
全体のバランスを見ながらつけていくと、かわいくなるよ。

できあがり

222

ミニクリップポニー

ランダムに散らしたクリップがポイント

ふつう ★★

5章 ヘアアクセを使ってアレンジ！

用意するもの

ブラシ／コーム／ワックス／ヘアゴム／ミニクリップ

1 ポニーテールにする

P.36「ポニーテール」にする。結ぶ位置はできるだけ高めにしよう。

2 毛束を広げる

結んだ毛束を両手でつかみ、横へ広げよう。

アドバイス
クリップをつけるときは必ず根元の髪といっしょにとめてね。そうしないとクリップが浮いて取れてしまうよ。

根元の髪　毛束

3 ミニクリップをつける

広げた毛束の端を少し指でつまみ、ミニクリップでとめるよ。

4 ミニクリップをさらにつける

クリップは5こくらい、毛束全体に散らすようにしてつけていこう。

できあがり

ロング／ミディアム

バレッタを使ったヘア

ガーリー風リボン
顔近くでとめて女の子らしく♥

用意するもの
ブラシ / コーム / リボンのバレッタ

1 髪をわける
髪をとかして、8対2の横わけにする。

2 髪を耳にかける
少なくわけた髪のほうを耳にかける。

3 バレッタをとめる
バレッタを耳の近くになめにしてとめる。正面を向いたときに、リボンが見えるようにしてね。

NG

リボンが後ろすぎると、オシャレ感が半減しちゃうよ。

上にとめると、おさなくなっちゃうね。

できあがり

ロング / ミディアム / ショート

224

サイドポニーバレッタ

毛束をキュートにふくらませて。

　かんたん ★☆☆

5章 ヘアアクセを使ってアレンジ！

用意するもの

ブラシ　コーム　ヘアゴム　大きめのバレッタ

キラかわポイント
まとめる位置が大切！トップの少し横の位置がかわいいよ。

1 髪を高めの位置で結ぶ

髪をよくとかし、サイドの髪を少しだけ残して、残りの髪は頭のななめ横、片側の高めの位置でまとめてゴムで結んでね。

2 結び目をしっかり固定する

毛束をふたつにわけて左右に引っぱり、ゴムの位置が根元にくるようにしてね。

ロング

3 毛束を広げる

結び目近くの毛束を両手でつまみ、横に広げてボリュームを出すよ。

4 バレッタでとめる

毛束の下のほうを少し持ち上げて、根元の髪といっしょに耳の横あたりで大きめのバレッタを使ってとめよう。

アドバイス
バレッタより上の髪が丸くふくらんでいるとかわいいよ。鏡を見ながらやってみよう。

できあがり

225

カチューシャを使ったヘア

飾りつきカチューシャヘア
飾りがついていたら位置を気にしてみようね！

用意するもの

ブラシ　コーム　カチューシャ

1 髪を耳にかける
とかした髪をコームで8対2くらいに、横わけにして、髪は両方とも耳にかけるよ。

2 カチューシャをつける
カチューシャの飾りが、少なくわけたほうにくるようにつける。

できあがり

アドバイス
もし、洋服に目立つポイントや飾りがついていたら、カチューシャの飾りが左右反対側に、対角線にくるようにつけようね。

カチューシャのつけ方の基本
カチューシャをつける位置は大切。耳の上にまっすぐわたすのがポイントだよ。前に倒れたり、後ろへ倒れても、かわいくないよ。

OK
耳の上にまっすぐつけてね。

NG
耳よりも前すぎるね。

NG
耳よりも後ろすぎるね。

ロング　ミディアム　ショート

226

5章 ヘアアクセを使ってアレンジ！

ヘアバンドを使ったヘア

ヘアバンドアップ
くるんと丸めて太めヘアバンドにイン！

用意するもの
 ブラシ
 ヘアバンド
 アメピン

ロング / ミディアム

1 髪をとかす
前髪以外の髪をわけ目がつかないようにブラシで後ろ側にとかす。

2 ヘアバンドをつけてとめる
ヘアバンドを頭にはめ、前を頭の上でおさえる。ヘアバンドをのばして後頭部に引っかけたら、えりあしの髪ごと数本のアメピンでとめるよ。

アドバイス
うまくできないときは、ヘアバンドの前をおうちの人におさえてもらおうね。

3 毛先をヘアバンドに入れこむ
後ろの髪をまとめて片手で持ち上げて丸めながら、ヘアバンドの内側へ毛先を入れこむ。

4 毛先をとめる
毛先をアメピンでとめて固定させてね。

できあがり

227

リボンを使ったヘア①

用意するもの

ブラシ　コーム　ダッカール　ヘアゴム　アメピン　お好みのリボン2本

ねじりまとめツイン
リボンでお嬢様風に！

ふつう ★★☆

1 ふたつ結びにする

P.38「ふたつ結び」の 1〜4 まで同じようにする。結ぶ位置は耳の下あたりにしてね。

2 毛束をねじって結ぶ

結んだ毛束の片方を根元からふたつにわけ、髪を交互にきつめにねじっていく。ねじり終わりは小さなゴムで結ぼう。

5章　ヘアアクセを使ってアレンジ！

3 反対側も結ぶ
反対側も同じようにしてねじって結ぶよ。

4 毛束を折り曲げる
ねじった毛束を上に持ち上げて折り曲げるようにしよう。

5 ピンでとめる
毛先と根元の結び目のゴムあたりをいっしょにアメピンでとめるよ。反対側も同じようにしてとめてね。

6 リボンを結ぶ
髪の根元にリボンを結ぶよ。

アドバイス
リボンの太さを変えれば、イメージチェンジできるよ！

できあがり

229

リボンを使ったヘア②

用意するもの

ブラシ　コーム　ヘアゴム　リボン2本（幅約5mm・長さ約20cmと幅約1cm・長さ約45cm）

ロング／ミディアム／ショート

長リボンヘア
リボンを顔のそばにたらして華やかに！

 ふつう ★★

1 髪をとかしてわける
髪をよくとかし、8対2の横わけにしよう。

2 前髪をとりわけて結ぶ
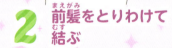
多いほうのフェイスラインの髪を少しとりわけ、小さなゴムで結ぶ。

アドバイス
結んだ根元が浮かないように、毛束をふたつにわけてキュッとしめ、フェイスラインにぴたりとつくようにしてね。

230

5章 ヘアアクセを使ってアレンジ！

3 短いリボンを結ぶ

用意した短いほうのリボンを結び目の上でリボン結びにする。

キラかわポイント

リボンは、ハデすぎない上品なタイプを色違いで選ぶといいよ！

4 ふたつ目の毛束をすくう

結んだところから、サイド寄りにずらした位置で、同じようにフェイスラインの髪をとりわけてね。

5 毛束を合わせて結ぶ

最初に結んだ毛束と合わせて、小さなゴムで結ぶよ。

6 長いリボンを結ぶ

結び目をキュッとしめて、フェイスラインに沿わせたら、長いほうのリボンを結ぶ。リボンは顔のそばにたらすようにしよう。

できあがり

HAIR ARRANGEMENT

ニット帽にぴったりのアレンジ
カールふたつ結び

ふつう ★★

帽子から出る髪に動きをつけて。

用意するもの

ブラシ　コーム　ダッカール　ヘアゴム　ヘアアイロン　カールローション　タオル

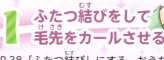

1 ふたつ結びをして毛先をカールさせる

P.38「ふたつ結び」にする。おうちの人に毛先をヘアアイロンでくるんとまいてもらってね。

✦ キラかわ ポイント

ふたつ結びの結ぶ位置は、えりあしぎりぎりで、少しゆるめにしようね。結び目が浮いても、帽子をかぶるから大丈夫だよ。

2 まいた髪をくずす

まいてもらった髪は手でラフにくずして、毛先に動きを出すよ。

3 ニット帽をかぶって毛先をととのえる

ニット帽を深めにかぶる。前髪は帽子の中にすべて入れこもう。帽子から出た毛先を、かわいらしく見えるように手でととのえてね。

できあがり

ロング　ミディアム

232

5章 ヘアアクセを使ってアレンジ！

めがねにぴったりのアレンジ
裏あみこみリボン

むずかしい ★★★

いつもと違う自分を演出！

用意するもの
ブラシ　コーム　ヘアゴム　ダッカール　お好みのリボン4本

ロング
ミディアム

1 髪をとかして後ろでわける
髪をよくとかし、コームで後ろの髪をまん中でふたつにわける。左右をダッカールでとめよう。

2 裏あみこみをする
わけた髪を片方ずつ、P.54「裏あみこみ」にする。あみ終わりはゴムで結ぼう。

3 あみ目をふくらませる
あみ目を指で少しずつつまんでふくらませよう。上のあみ目からふくらませてね。

4 リボンを結ぶ
結び目のゴムの上と、あんだ髪のまん中にそれぞれリボンを結ぼう。

できあがり

HAIR ARRANGEMENT

バンダナにぴったりのアレンジ
ツインねじり

ふつう ★★

ツインねじりでかわいくまとめよう。

用意するもの

ブラシ　コーム　ダッカール　ヘアゴム

ロング

NG 毛束をわけるときは必ず根元から。まん中や下のほうからわけると、髪がからまってしあがりがキレイに決まらないよ。

1 ふたつ結びをして毛束をわける

P.38「ふたつ結び」にして、ひとつの毛束を根元からふたつにわけるよ。

アドバイス
ふたつにわけた髪をもう一度とかすと、ねじったあとのできあがりがツヤツヤになるよ。

2 コームでとかす

わけた毛束を、コームでとかす。

できあがり

3 きつめにねじる

ふたつにわけた髪を交互にきつめにねじっていく。ねじり終わりをゴムで結ぶ。反対側も同じように結んでね。

5章 ヘアアクセを使ってアレンジ！

スカーフのつけ方

カチューシャ風 かんたん ★

スカーフの折り方

① → ② → ③ → 完成

1 後ろへとかし前髪をとめる

わけ目なしで髪を後ろへすべてとかし、両サイドは耳にかけ、トップの前髪はアメピンでとめる。

2 スカーフを横に結ぶ

折りたたんだスカーフを首にかけ、両端をそれぞれ両手で持つ。手を上げて頭にスカーフをまき、まん中より少し横の位置でかた結びをして、端をふんわり広げる。

キラかわポイント

カチューシャの正しいつけ方よりも、少し前気味にして結ぶよ。

できあがり

スカーフみつあみ ふつう ★★

1 片側へ髪を集めスカーフをつける

片側へ髪を寄せ、耳の後ろでまとめる。スカーフは折らずに端をつまみ、髪の結び目にひとまきして結ぶよ。

2 スカーフと髪をあむ

たらしたスカーフをみつあみの1束に見立て、毛束はふたつにわけてみつあみをする。あみ終わりをゴムで結ぶ。

アドバイス

余ったスカーフは、ゴムをかくすようにまきつけて一度通し、先を少したらしておくとかわいいよ。

できあがり

235

ウィッグのつけ方

ふつう ★★☆

ここでは前髪ウィッグのつけ方を紹介するよ。
かんたんにイメチェンできる★

1 まん中でわけてピンをとめる

前髪をまん中でわけ、わけ目に近いところで、アメピンをとめるよ。

NG ウィッグをつけるとかくれるからといって、わけた部分の前髪のはえぎわを雑にすると、あとでウィッグを直すときに引っかかるから、きちんとキレイにわけてね。

2 ウィッグの準備をする

ウィッグを手に持ってコームでキレイにとかし、ウィッグについている付属のピンを開くよ。

アドバイス ウィッグ専用シャンプーがあるので、何度か使ったら洗って乾燥させ、清潔に保つように心がけてね。

3 ウィッグをあて調節してとめる

前髪にウィッグをあて、鏡で見ながらとめる場所を決める。上下に移動させて、ちょうどよい長さにきたらパチンととめるよ。

4 自分の髪となじませる

ウィッグと自分のサイドの髪をなじませるように、表面をやさしくコームでとかすよ。全体もととのえよう。

できあがり

236

6章　ヘアケアでもっとキラかわ♥

ブラッシングの仕方

ヘアスタイリングの基本は、ブラッシングから。
髪のからまりをほぐす、表面についた汚れを落とす、
髪にツヤを出すほか頭皮のマッサージの役割もあるよ。

1 毛先からとかす

髪の毛の長さがある人は毛先からブラッシングをはじめようね。とかす順番は大切だよ。

NG 上からとかすと、毛先にかけてからまってしまうよ。まずは毛先からとかそうね。

2 まん中をとかす

次に髪のまん中部分をとかす。少しずつていねいに進めてね。

アドバイス
髪の量が多い人は、ダッカールを使って髪を内側と外側にブロックわけをすると、とかしやすいよ。

3 根元から毛先までとかす

最後に髪の根元からブラシを入れ、毛先まで通してとかす。あわてず、ていねいにとかすと髪にやさしいよ。

アドバイス
髪をとかすとよく起きる静電気。これは空気の乾燥やブラシの素材などが原因だよ。この対策は、髪の表面に軽く水スプレーを吹きかける、加湿器を入れて部屋の乾燥をふせぐ、ブタ毛など天然素材のブラシを使うなど、工夫をするといいよ。

4 全体をとかす

全体的にもう一度ブラシでとかし、ととのえてね。

ヘアケアの基本

シャンプーや髪をかわかすことはツヤ髪キープのための基本。
正しい方法を身につけようね。

シャンプーの仕方

NG シャンプーがしっかり泡立っていないと、髪同士がこすれていたんでしまうので注意してね。

1 シャンプー前にブラッシング

髪全体をブラッシングしよう。はじめにブラッシングしておくと、表面についたホコリがとれ、髪もからまりにくくなるよ。

3 シャンプーを泡立ててつける

手のひらに適量のシャンプーをとって、お湯を少したして手で軽く泡立てるよ。シャンプーがついた手を髪や頭皮になじませて少しずつ泡立てていくよ。

2 予洗いをする

お湯でしっかり髪をすすぐ。これだけでも汚れを落とす役割があり、次につけるシャンプーの泡立ちがよくなるよ。

6章　ヘアケアでもっとキラかわ♥

4 指のはらを使って洗う

指を広げ、指のはらを使って頭皮をマッサージするように頭を洗うよ。はえぎわからトップへ向かって、後ろはえりあしからトップへ向かって洗おうね。

NG ゴシゴシ力を入れたり、つめを立てるのはダメだよ。地肌に傷がついて炎症の原因になることもあるから気をつけよう。

5 よくすすぐ

ひと通り洗ったら、しっかりすすぎをする。表面の泡を落とすだけではなく、地肌についたシャンプーがよく落ちるように、髪の間に指を入れながらすすぐよ。

アドバイス
シャンプーが落ちきらずに残ると、フケやかゆみ、頭皮が脂っぽくなる原因に。しっかり洗い流すのがシャンプーのコツだよ。

6 コンディショナーをつける

コンディショナーやリンスを使うときには、なるべく地肌につけず、髪の表面にまんべんなくつけるようにしてね。

7 よくすすぐ

少し時間を置いてなじませたら、シャンプーのときと同様に、しっかりとお湯ですすごうね。はえぎわや耳の後ろ、えりあしに残りやすいので細かい部分もていねいにね。

キラかわポイント
すすぐときは、顔にシャンプーなどの液がなるべくかからないようにしてね。シャンプーしたあとは顔や体もしっかり洗おう。

241

シャンプー後のドライヤーのあて方

そぼくな疑問
自然乾燥はダメなの？

ぬれたままの髪を放置すると、髪がいたむよ。髪がぬれているときは、表面を保護するキューティクルが開いている状態に。かわいているときはキューティクルが閉じる。ぬれたままではキューティクルが開きっぱなしになり、ホコリなどがつきやすく、髪同士がこすれるなどしていたんでしまうんだよ。

1 水気をしぼる

シャンプー後、余分な水気をきるよ。毛先にたまる水気を両手で、やさしくしぼってね。

2 タオルドライをする

頭にタオルを一度まきつけて、上から手でおすようにして水分を吸わせるよ。

NG タオルを頭にかぶせ、手を動かしてゴシゴシとしないでね！髪にダメージを与えちゃうよ。

6章　ヘアケアでもっとキラかわ♥

3 さらに水気をよく吸わせる

毛先の水分をとるときも、タオルとタオルの間に髪をはさんで軽くおさえるようにしようね。

> **❗ ここが大事**
> 髪だけではなく地肌もちゃんとかわかさないと、細菌が繁殖してニオイの原因にもなるから気をつけてね。

4 髪をとかす

しっかり水気がとれたら、手ぐしでやさしく髪のからまりをほぐしてから、ブラシで毛先から全体的にとかすよ。

5 根元からかわかす

指を広げて髪のはえぎわから入れ、根元にドライヤーをあててかわかすよ。根元、毛先の順にかわかそうね。

アドバイス

★ドライヤーの温風を1か所にあて続けると髪がいたんで、枝毛や切れ毛の原因になるよ。髪からの距離は目安として15～20cmくらい離して、1か所に長時間温風をあてないようにしてね。

★ドライヤーとブラシで内まきなどにしたいとき、温風のあとに冷風をあてると、クセがしっかりとつくよ。

うるツヤストレートヘア

ツヤ髪ポイントをおさえてサラサラストレートに。

用意するもの

タオル　ブラシ　ドライヤー

キラかわポイント

少し力を入れて引っぱってね。そうすることで髪にツヤが出るし、クセ毛がおさまりやすくなるよ。

- ロング
- ミディアム
- ショート

1 シャンプー＆タオルドライ

シャンプー後（P.240）、P.242「ドライヤーのあて方」の1〜4までと同じ。

2 髪を半がわきにする

指を広げて髪の根元にさしこみ、髪をやや強めに引っぱりながら、髪の表面にドライヤーを15〜20cm離れた距離からあてるよ。

アドバイス

髪がかわいた状態だったら、髪を保護するために表面にヘアローションをつけてから、ドライヤーを使ってね。

244

6章　ヘアケアでもっとキラかわ♥

3 ブラシを使って ドライヤーをあてる

ブラシを髪の内側に入れ、根元から毛先までブラシを移動させながら、ドライヤーをあて、ていねいに髪をかわかす。

4 全体を ブラッシング

髪全体をブラシでキレイにとかし、さらにツヤを出すよ。

できあがり

245

ヘアサロンの行き方

はじめてのヘアサロンは、だれでも緊張しちゃうよね。
あらかじめ流れを知っておけば安心だよ。

まずなりたいヘアスタイルを決めよう

イメージするスタイルの、雑誌の切りぬきなどを持っていくのがいちばん伝わりやすいよ。でも、長さがまだ足りなかったりして、必ずしもその通りになるわけではないことを十分に理解して。美容師さんは希望を取り入れながら、今のあなたの雰囲気に合った髪型にしてくれるよ。

NG 雑誌の切りぬきを前髪、横、後ろなどパートわけして持っていかないでね。ヘアスタイルはトータルのバランスが大事。バラバラのオーダーは美容師さんが困ってしまうよ。

ヘアサロンに行く前に

いつも着ている服で行く

あまりにもドレスアップしていくと、いつもの自分に合う髪型が美容師さんに伝わりにくくなってしまうよ。カットはふだんの自分をステキにしてもらうためのもの。また「今日は髪をおろしているけど、いつもはふたつ結びで学校に通っている」など、ふだんの様子を伝えると、美容師さんもそれに合ったヘアスタイルにしようと考えてくれるよ。

スタイリング剤はつけない

美容師さんは髪のクセなどを見たうえで髪型を作るので、スタイリング剤など何もつけないで、自然なままの状態で行こうね。

ヘアサロンでの流れ

6章 ヘアケアでもっとキラかわ♥

リラックスして髪のことを、美容師さんに相談してみよう！

1 電話予約
行きたい日にちと時間を伝えてね。サロンと都合を合わせて。

2 受付・カウンセリング
店頭で名前をいって、荷物や上着をあずけるよ。その後、担当の美容師さんと髪質や髪型について相談しようね。

3 シャンプー
シャンプー台でシャンプーしてもらうよ。

4 カット・ブロー・スタイリング
担当の美容師さんにカットからしあげまでやってもらうよ。おうちでのやり方も聞いておこうね。

5 お会計
カット代を支払い、荷物と上着を受けとって帰るよ。

アドバイス

1. 自分の希望は勇気を出して伝えよう！
「担当の美容師さんは女の人がいい」など、希望がある場合は予約のときに思い切って伝えるのがベスト。

2. 髪の悩みや質問は、こわがらずに聞いて
髪の悩み、髪型に関する質問などがあるときは、美容師さんに何でも相談して。ヘアスタイリングのプロだから親切に教えてくれるはず。

寝グセ解決テク

朝寝坊したときの困った！をレスキュー。
寝グセをさっと直すテクを紹介するよ。

> **！注意**
> タオルを電子レンジから出すときに、熱くなっているので気をつけて。

1 蒸しタオルをあてる

ハンドタオルをぬらしてしぼり、電子レンジで10〜15秒くらいチンする。そのタオルを寝グセの位置にのせ、そのまま朝食を食べるなど10分くらい置くよ。

2 コームでとかす

蒸しタオルを外し、寝グセ部分をコームでとかしながら、まっすぐに戻す。

3 ドライヤーをあてる

コームでまっすぐに戻した部分に、ドライヤーの温風（弱）をあて、髪の流れに沿って手ぐしを入れながらかわかす。

NG ドライヤーでかわかすとき、手を左右に動かして髪をクシュクシュさせないでね。直したい方向に沿って手ぐしを入れるよ。

髪をキレイにする習慣

うるおい 120点

キレイな髪を保つために、毎日の生活の中でもできることはたくさん！

食べ物でキレイに

髪に大きな影響を与えるのが食生活！ 特に髪にいい食べ物を紹介するよ♪
食べすぎると逆効果になることもあるから、バランスよく少しずつ食べてね。

たまごや肉など

髪のモトになる大切な食べ物。とうふや肉、魚も同じ効果があるよ。

ナッツ類

髪に栄養を運ぶ血管を健康に保って、髪の毛がのびるのを助けてくれるよ。

海藻類

髪の水分や弾力を高める栄養がたっぷり！しっとりして健康な髪に♪

緑黄色野菜

にんじんやかぼちゃなどの緑黄色野菜には、血行をよくして抜け毛を防ぐ効果アリ。

手羽先など

コラーゲンを含む食べ物は、髪のツヤやハリをよくしてくれるよ★

睡眠でキレイに

日光や紫外線によって髪に受けたダメージは、寝ている間に修復されるよ。また、髪の毛が育つのも寝ている間！ 睡眠不足が続くと、枝毛や切れ毛、白髪が多くなることも……。毎日たっぷり寝て、キレイな髪を育てよう★

運動でキレイに

運動をすることで、血行がよくなって髪にもいい影響をあたえるよ。はげしいものよりも、ウォーキングやストレッチなどの軽い運動がオススメ。少しの時間からはじめてみて、毎日続けることを心がけよう！

249

髪のお悩み Q&A

毎日のスタイリングで困ったこと、悩むこと、わからないことにわかりやすくお答えするよ！

Q1 クセっ毛でふくらんでしまい、まとまらないのが悩み……。

A クセ毛用のシャンプーやトリートメントを使ってみて。ドライヤーでかわかすときはブラシなどで髪を軽く引っぱるようにして、のばしながら乾燥させてね。ヘアサロンでクセが気にならないようなヘアスタイルにしてもらったり、アレンジ方法を教えてもらうといいよ。

Q2 雨がふるとちぢれるのが悩み……。

A 髪の長さがロングやミディアムなら、雨の日は結んだほうがよいかも。ショートだったらワックスを軽くつけておくと、ちぢれ防止になるよ。

Q3 フケが出るのが悩み……。

A シャンプーが合っていないかも。違うものに変えて様子をみてね。また、洗髪後のすすぎがたりないと、フケやかゆみが出ることが多いので、すすぎは念入りにしようね。

Q4 髪の量が多すぎて困っちゃう。

A ボリュームをおさえるヘアスタイルをヘアサロンで相談してみて。毛先にシャギーを入れたり、ショートヘアも軽さが出ていいよ。

Q5 頭がクサイのが気になる。

A 成長期には新陳代謝が激しくなり、頭皮の皮脂が出すぎることも原因のひとつだよ。また、ぬれた髪をドライヤーでかわかさないでいると、ニオイがすることがあるよ。基本は毎日シャンプーをして、よくすすぐ。また、洗ったあとは放置しないでよくかわかしてね。

Q6 まだ子どもなのに白髪があるのは病気？

A 白髪がまばらに見られる場合は、病気ではありません。いわゆる「若白髪」で、体質や遺伝的要素が関係しています。ただ、白髪が1か所にかたまってはえているときは、尋常性白斑という皮膚のトラブルかも。念のため皮膚科を受診してみようね。

Q7 夜、髪の毛を洗ったあとそのまま寝ちゃダメ？

A ぬれたままの髪を放置すると、髪がいたみやすくなるよ。なぜなら髪がぬれているときは、表面を保護するキューティクルが開いている状態になってしまうの。そのまま寝てしまうと、髪同士がこすれて、いたむ原因にもなるよ。めんどうでもシャンプーをしたら、しっかりかわかして寝よう。ドライヤーのあて方はP.242へ。

Q8 スタイリング剤って、たくさんあって選べない！とりあえず、何をそろえたらいい？

A スタイリングに使えて便利なのはワックス。毛先に動きを出したり、髪をかためたいときにはハードタイプ。ボリュームをおさえたいときにはソフトタイプと、使いわけるのがオススメ。どちらも髪にツヤを出す役割もあるよ。

Q9 シャンプーしても、頭皮がいつも脂っぽいのはどうして？

A Q5のように、成長期には皮脂が過剰に出るのはある程度しかたがないところもあるよね。でも、食生活のバランスがくずれていたり、睡眠時間が不足するなど、生活の乱れが原因で起こることもあるよ。自分の生活スタイルも見直そう。シャンプーとコンディショナーのすすぎ不足も原因になるから、すすぎは念入りにね。

251

トータルビューティを目指せ！

身だしなみや内面もみがいて、とびっきりのキラかわガールになっちゃおう♥

髪の毛以外の身だしなみにも気をつかっているかな？
ひとつずつチェックしていこう！

顔・表情
□ 暗い顔をしていない？
□ 目やにはついていない？

服装
□ シワやシミなどついていない？
□ くつは汚れていない？
□ 場所やシチュエーションを考えた
　コーデができている？

姿勢・ボディケア
□ 背筋はピンとのびている？
□ ツメはのびすぎていない？

ねこ背は見た目もNG！
身長ものびないよ

252

内面

目には見えないけれど、内面の美しさもとっても大切！
内側からかがやくためのオキテを紹介するよ。

内面美人の6のオキテ

1 あいさつは明るく元気に！

明るいあいさつは、相手の気持ちをさわやかにするよ。自分から先にするように心がけよう。

おはよう！

2 いつも笑顔！

ニコニコしている子は、それだけでかわいさがUP！ また、雰囲気がやわらかく感じられて話しかけやすいよ。口元だけでなく、目も笑っているように見えるとGOOD。

3 言葉づかいに気をつける！

ていねいな言葉を使うと印象がUP↑ ちょっとした一言も気をつけてみよう。悪口を言うのもNGだよ！

ステキな言葉づかいをしている人を真似してみよう♥

4 感謝の気持ちを持つ！

いつも感謝の気持ちを持ち、どんな小さなことでも、相手に何かをしてもらったときには「ありがとう」と伝えよう。そうすると、考え方が自然と前向きになるよ。

ありがとう

5 聞き上手になろう！

自分の話を聞いてもらえるとうれしいよね。あいづちを打ったり質問をしたりして、相手が気持ちよく話せるように気をくばってみて。相手の目を見ながら聞くことも忘れずにね★

6 マナーや礼儀を大切に！

お年寄りに席をゆずる、落ちているごみを拾うなど、マナーや礼儀を大切にしよう。みんなが気持ちよく生活できることを考えてみてね。

どうぞ

全部を一気にやろうとしなくて大丈夫。
できることからコツコツとやっていくと、
内面から『美』がにじみでてくるよ！

監修（ヘアメイク＆指導）

榊 美奈子（さかき みなこ）

東京生まれ。4年半の美容室勤務後、ヘアメイクアップアーティスト沢田哲哉氏に師事し、フリーランスのヘアメイクアップアーティストに。現在、キッズ・ティーン誌をはじめ、雑誌・広告やカタログ等で幅広く活躍している。カフェ等でヘアアレンジやメイクのレッスン教室を開き、女性のキレイの手助けをする活動にも力を注いでいる。

カバーイラスト／祐歌、あまね みこ、あゆみ ゆい、ミニカ
漫画／祐歌
本文イラスト／ajico、あまね みこ、あゆみ ゆい、いのうえ たかこ、おうせ めい、花珠、くろでこ、
　　　　　　　小山奈々美、桜ひより、白沢まりも、花海ゆうこ、ぴよな、poto、まめゆか、
　　　　　　　森野眠子、ミニカ、祐歌、よこやま ひろこ
写真撮影／糸井康友
執筆・編集協力／加藤千鶴、兼子梨花
本文デザイン／株式会社Craps 袖岡正枝
カバーデザイン／橋本千鶴
校正／くすのき舎
編集協力／株式会社童夢
編集担当／田丸智子（ナツメ出版企画株式会社）

めちゃかわヘアが大集合！
ヘアアレンジ事典スペシャル

2017年12月1日　初版発行
2019年8月20日　第4刷発行

監修者　榊 美奈子　　　　　　　　　　　　　　Sakaki Minako,2017
発行者　田村正隆

発行所　株式会社ナツメ社
　　　　東京都千代田区神田神保町1-52　ナツメ社ビル1F（〒101-0051）
　　　　電話　03（3291）1257（代表）　　FAX　03（3291）5761
　　　　振替　00130-1-58661
制　作　ナツメ出版企画株式会社
　　　　東京都千代田区神田神保町1-52　ナツメ社ビル3F（〒101-0051）
　　　　電話　03（3295）3921（代表）
印刷所　株式会社技秀堂

ISBN978-4-8163-6354-2　　　　　　　　　　　　　　　Printed in Japan

＜本書に関するお問い合わせは、上記、ナツメ出版企画株式会社までお願いいたします。＞
＜定価はカバーに表示しています＞
＜乱丁・落丁本はお取り替えいたします＞